HIGHLIGHTS
NEW YORK

DIE **50** ZIELE, DIE SIE GESEHEN HABEN SOLLTEN

HIGHLIGHTS
NEW YORK

Margit Brinke
Peter Kränzle

BRUCKMANN

Neogotische Architektur, hier die Riverside Church, findet man häufig in New York, oft direkt neben modernen Bauten (oben). Hunde führen in New York meist ein sehr gutes Leben (Mitte). Neuester Trend in der kulinarischen Szene New Yorks sind die Food Trucks, die Gourmetimbiss auf der Straße anbieten (unten).

Inhaltsverzeichnis

Auf dem Times Square pulsiert zu jeder Tages- und Nachtzeit das Leben (oben). Menschen unterschiedlichster Ethnien sind in New York zu Hause – und verstehen sich meist recht gut (Mitte). Moderne und historische Wolkenkratzer gehen an der Südspitze Manhattans eine gelungene Symbiose ein (unten).

Studio
Museum
of Harlem

East 125th Street
Second Avenue
Third Avenue
First Avenue
Park Avenue

East 110th Street

East 106th Street

Lexington Avenue

Museo del Barrio

East 96th Street

YORK-
VILLE

Carl
Schurz
Park

Museum of the
City of New York

Madison Avenue

Cooper-Hewitt
Museum

Jewish Museum

35

Solomon R.
Guggenheim
Museum

36

East 89th Street

East 86th Street

Neue
Galerie

East 84th Street

UPPER EASTSIDE

York Avenue

First Avenue

Second Ave.

Park Avenue

Third Ave.

ROOSEVELT ISLAND

East Channel

West Channel

Franklin D. Roosevelt Drive

Sellbahn

Queensboro Bridge

Cathedral of
St. John the Divine

40

Fifth Avenue

Lenox Avenue

Central Park West

Jacqueline
Kennedy
Onassis
Reservoir

MUSEUM MILE

Whitney
Museum
of American Art

37

East 79th Street

East 74th Street

East 70th Street

Frick
Collection

East 65th Street

HARLEM

39

Amsterdam Avenue

Columbus Avenue

96th Street

86th Street

Metropolitan
Museum of Art

33

Transverse Rd. No. 2

The Lake

East 60th Street

MIDTOWN

Fifth Avenue

Madison Avenue

Park Avenue

Third Avenue

St. Patrick's Cathedral

27

UPPER WESTSIDE

West End Avenue

Broadway

West 79th St.

American Museum
of Natural History

38

West 77th St.

West 74th Street

CENTRAL PARK

34

Transverse Rd. No. 1

Zoo

Central Park West

Central Park South

Trump
Tower

26

Rockefeller
Center

24

25

Museum of
Modern Art

23

Seventh Avenue

Radio City
Music Hall

West 66th Street

Broadway

Columbus
Circle

31

Carnegie Hall

57th Street

Sixth Avenue
of the Americas

THEATRE
DISTRICT

21

Times

West End Avenue

Lincoln Center of
the Performing Arts

32

Time Warner
Building

Ninth Avenue

West 57th Street

48th Street

46th Street

42nd Street

Tenth Avenue

Eleventh Avenue

Henry Hudson Parkway

West Side Highway

Lincoln Tunnel

Intrepid Sea-
Air-Space

22

Jacob K. Javits

Hudson River

60th Street

79th Street

Hudson Boulevard

Bergaline Avenue

WARD'S
ISLAND

Triborough Bridge

27th Avenue

30th Avenue

34th Avenue

31st

21st Street

Crescent Street

34th Avenue

38th Avenue

Broadway

Vernon Boulevard

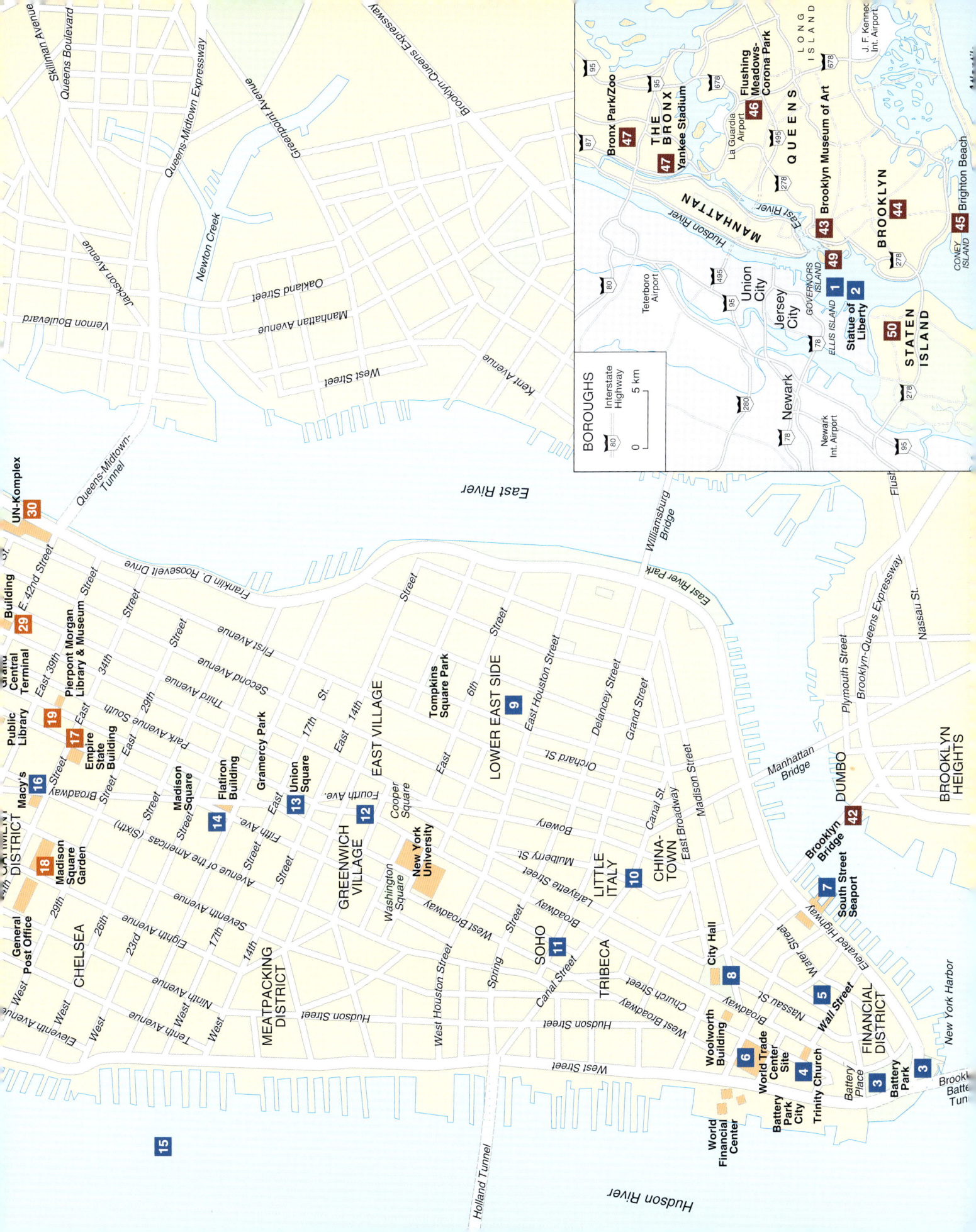

Skillman Avenue

Queens Boulevard

Queens-Midtown Expressway

Jackson Avenue

Vernon Boulevard

Newton Creek

Oakland Street

Manhattan Avenue

West Street

Greenpoint Avenue

Brooklyn-Queens Expressway

Kent Avenue

East River

BOROUGHS

🏳	Interstate Highway

0   5 km

THE BRONX

Bronx Park/Zoo **47**

47 Yankee Stadium

La Guardia Airport

Flushing Meadows-Corona Park **46**

QUEENS

LONG ISLAND

J. F. Kennedy Int. Airport

Brooklyn Museum of Art **43**

MANHATTAN

Hudson River

East River

BROOKLYN **44**

Brighton Beach **45**

CONEY ISLAND

Teterboro Airport

Union City

Jersey City

Newark

Newark Int. Airport

GOVERNORS ISLAND **49**

ELLIS ISLAND **1**

Statue of Liberty **2**

STATEN ISLAND **50**

Flushing

Queens-Midtown Tunnel

Franklin D. Roosevelt Drive

Williamsburg Bridge

East River Park

Brooklyn-Queens Expressway

Plymouth Street

Nassau St.

30 UN-Komplex

Building

E. 42nd Street

29 Pierpont Morgan Library & Museum

Grand Central Terminal

East 39th

19

17 East 29th

34th Street

Park Avenue South

Third Avenue

Second Avenue

First Avenue

Street

Street

Street

6th

East Houston Street

LOWER EAST SIDE **9**

Tompkins Square Park

EAST VILLAGE

Delancey Street

Grand Street

Manhattan Bridge

DUMBO

BROOKLYN HEIGHTS

Public Library

Empire State Building

16 Macy's

GARMENT DISTRICT

Madison Street Square

Flatiron Building

14

Gramercy Park

13

Union Square **13**

12

East 17th

East 14th

Cooper Square

Fourth Ave.

Fifth Avenue

Avenue of the Americas (Sixth)

GREENWICH VILLAGE

New York University

Washington Square

Bowery

Mulberry Street

Lafayette Street

Broadway

LITTLE ITALY **10**

CHINA-TOWN

Canal St.

East Broadway

Madison Street

Orchard St.

Brooklyn Bridge

42

South Street Seaport **7**

18 Madison Square Garden

CHELSEA

General Post Office

West 29th

West 28th

West 26th

West 23rd

Eighth Avenue

Ninth Avenue

Tenth Avenue

Eleventh Avenue

Seventh Avenue

West 17th

West 14th

MEATPACKING DISTRICT

Hudson Street

West Houston Street

Spring Street

SOHO **11**

Canal Street

TRIBECA

West Broadway

Church Street

City Hall **8**

Woolworth Building **6**

World Trade Center Site **4**

Trinity Church

Broadway

Nassau St.

Wall Street **5**

Battery Place

FINANCIAL DISTRICT

Battery Park **3**

3 Battery Park

Elevated Highway

Water Street

New York Harbor

Brook Batte Tun

World Financial Center

Battery Park City

West Street

Holland Tunnel

Hudson River

15

Zu den wegweisenden »grünen« Hoch-
hausbauten New Yorks zählt der Hearst
Tower von Sir Norman Foster (oben).
Die Skulptur »Sphere« des Künstlers Fritz
Koenig hat »9-11« fast unbeschadet
überstanden (Mitte). Die vielen Gesichter
einer Weltstadt (unten). Blick von der
Dachbar von »230 Fifth« auf die Skyline
mit dem Empire State Building.

New York

Die Stadt, die niemals schläft

New York ist eine Stadt ohne Maßstäbe, eine Stadt voller Kontraste, deren einzige Konstanten der Wandel und das Extreme sind – eine Stadt, die niemals schläft. New York ist bunt und schrill, vielgestaltig und pulsierend, ein ethnischer Mikrokosmos auf engstem Raum. Und dennoch: New York ist kein »Melting Pot«, kein Schmelztiegel, sondern ein farbenfrohes »Mosaik«, in dem jedes Steinchen isoliert steht und das erst als Ganzes betrachtet ein harmonisches Bild ergibt.

Mit Worten werde ich New York nie erfassen. Ich denke auch nicht mehr daran, diese Stadt zu erfassen – ich löse mich in ihr auf ...« Wie Simone de Beauvoir (*Amerika Tag und Nacht*, 1950) geht es vielen Besuchern der pulsierenden Weltmetropole: Sie kommen aus dem Staunen nicht mehr heraus. Wie die New Yorker selbst eine Art Hassliebe zu ihrer Stadt pflegen, sind auch Gäste hin- und hergerissen: Einerseits stoßen Lärm und Hektik, die konstante Reizüberflutung und die Gegensätze ab, andererseits ziehen gerade diese Kontraste, die Fülle an Eindrücken und die Andersartigkeit magisch an.

Die Stadt ist nicht nur ethnisch und kulturell vielgestaltig, hier gehen auch Alt und Neu eine fesselnde Symbiose ein, schon in der Architektur. Detailreich verzierte, repräsentative, altehrwürdige Bauten stehen neben stromlinienförmigen, spiegelnden Glaspalästen, hübsch renovierte Brownstone-Häuschen neben monotonen Betonblöcken. Seit über einem Jahrhundert steht New York neben Chicago ganz vorn als »Stadt der Wolkenkratzer«, und diese sind auch zum Synonym der New Yorker Gesellschaft geworden: Jeder Bau ist ein Individuum für sich, doch alle zusammen bilden ein homogenes Stadtbild.

»Do your own thing«

Das war lange Zeit die Lebensphilosophie der New Yorker, frei übersetzt: »Jeder ist sich selbst der Nächste.« Eine radikale Ellbogenmentalität, Unfreundlichkeit, Rücksichtslosigkeit und Arroganz galten als Hauptcharakterzüge der Einwohner, und schon 1774 hatte der spätere zweite US-Präsident John Adams beklagt, dass es den New Yorkern an Manieren fehle.

Doch dann hat ein katastrophales Ereignis eine ganz andere Seite im Wesen der New Yorker zum Vorschein gebracht. Als an einem sonnigen Herbsttag im Jahr

Die Cast Iron Buildings sind besonders für das Stadtviertel SoHo typisch (oben). Grüne Ruheoasen finden sich zwischen den Häuserschluchten Manhattans überall (unten). Der Central Park ist der wohl bekannteste Stadtpark der Welt und gilt seit 1873 als die »gute Stube« der New Yorker Stadtbevölkerung (rechts).

2001, dem 11. September, Terroristen zwei entführte Passagierflugzeuge in die beiden Türme des World Trade Center steuerten und damit nicht nur eine weltberühmte Sehenswürdigkeit zerstörten, sondern gleichzeitig Tausende von Menschen töteten, war der Schock zunächst groß. Doch dann trat eine ungewöhnliche Verwandlung ein: Mit eiserner Disziplin, vormals unbekannter Solidarität und selbstloser Hilfsbereitschaft krempelten die New Yorker die Ärmel hoch und packten mit an. Statt in Apathie und Trauer zu versinken, ging man aufeinander zu und verbrüderte sich in nie dagewesener Weise. Die Stadt ist an dieser Katastrophe gewachsen, und das Unglück hat die zuvor als narzisstisch bekannten New Yorker zum Positiven verändert.

»New York, New York«

»If I can make it there, I'll make it anywhere«, sang schon »Frankie Boy« Sinatra in »New York, New York«. Seit Generationen vertrauen Menschen darauf, ausgerechnet hier ihren Lebenstraum, den Aufstieg »vom Tellerwäscher zum Millionär«, verwirklichen zu können. Aus aller Welt strömten Menschen hierher, sodass eine Vielfalt an Ethnien, Sprachen, Traditionen und Kulturen zu finden ist wie nirgendwo sonst. Kulturelle, ethnische und ökonomische Unterschiede prägen die Stadt seit jeher. In der einzigen wirklichen Weltmetropole tummelte sich schon immer ein buntes Völkergemisch, unzählige Ethnien aus aller Welt. Dennoch trifft der Begriff »Melting Pot« nur sehr eingeschränkt zu, und viel besser passt das von New

Yorks erstem afroamerikanischem Bürgermeister, David Dinkins, gebrauchte Bild: »New York ist kein Schmelztiegel, sondern ein prächtiges Mosaik«. Glaubt man sich in der einen Straße nach Jerusalem versetzt, taucht man in der nächsten in eine asiatische Metropole ein, duftet in einem Viertel italienische Pizza, werden nebenan auf Spanisch Waren feilgeboten.

Manhattan und mehr

Spricht man von New York, bezieht man sich meist nur auf einen kleinen Teil der Metropole, nämlich auf Manhattan. Bei diesem Gesicht New Yorks handelt es sich um eine gut 21 Kilometer lange und maximal 3,7 Kilometer breite Insel, die durch zwei Flüsse, den im Westen gelegenen Hudson River und den East River, vom Festland abgeschnitten wird. Offiziell hat New York City derzeit gut acht Millionen Einwohner, davon lebt rund ein Fünftel in Manhattan. Auf diese knapp 60 Quadratkilometer – von denen 30 Prozent im Laufe der Jahrzehnte, zum Beispiel durch den Bau des World Trade Center, zusätzlich aufgeschüttet wurden – konzentriert sich auch das Interesse der Besucher. Manhattan besteht aus einer Reihe eigenständiger Stadtteile: Downtown, der Südteil der Insel, umfasst nach allgemeiner Definition das sogenannte Lower Manhattan, das gesamte Areal südlich der 14th Street mit dem (Greenwich und East) Village. Als Pufferzone fungieren zwischen 14th und 34th Street Gramercy und Chelsea, ehe sich Midtown (34th bis 59th Street) anschließt, mit dem legendären Theaterdistrikt und dem Times Square. Uptown heißen die Viertel nördlich der 59th Street beidseitig des Central Park, und Upper Manhattan ist schließlich die Region nördlich des Central Park bis hinauf zur Nordspitze der Insel.

Doch New York ist nicht nur Manhattan. Zusammen mit vier weiteren Stadtteilen bildet es den Großraum, die *metro area*. Manhattan ist dabei sogar der flächenmäßig kleinste *borough*. Nördlich davon,

Zu den Wahrzeichen New Yorks gehören die zahlreichen gelben Taxis (oben). Der berühmteste Bahnhof New Yorks, der Grand Central Terminal, erinnert an eine Kathedrale (unten). Beliebtestes Nahverkehrsmittel der New Yorker ist die Subway, die außerhalb Manhattans auch oberirdisch fährt (links).

auf dem Festland, erstreckt sich die Bronx, und auf Long Island, der rund 190 Kilometer langen, dem Festland vorgelagerten Atlantikinsel, befinden sich zwei Stadtteile: Brooklyn und, als größter Teil, Queens. Im Südwesten, jenseits des Hudson River, liegt als letzter Borough die Insel Staten Island.

Konsum und Kommerz ...

New York ist *die* Wirtschaftsmetropole und *das* Bankenzentrum der Welt – der Sitz von Konsum und Kommerz. Doch New York hat auch ein anderes Gesicht: Der »Big Apple« ist Mittelpunkt der Kunst- und Kulturszene, eine hypermoderne Großstadt voller Attraktionen und damit ein Top-Reiseziel, das bezüglich Besucherzahlen die 50-Millionen-Marke ansteuert. Bei deutschsprachigen Reisenden steht New York unter den amerikanischen Destinationen seit jeher ganz oben auf der Beliebtheitsskala.
Die Nummer eins der beliebtesten Attraktionen ist das Metropolitan Museum of Art, in dem sich jährlich fast fünf Millionen Besucher durch die weitläufigen Säle drängeln, gefolgt vom Empire State Building. Der Central Park soll sogar rund 15 Millionen und der Times Square jährlich 35 Millionen Flaneure anlocken.

Kunst und Kultur

New York hat mehr als 150 Museen, an die 70 Historic Districts – denkmalgeschützte Viertel –, fast 1000 Landmark Buildings (architektonische Denkmäler) sowie unzählige Kunstgalerien zu bieten. Wer das alles sehen wollte, wäre Jahre damit beschäftigt. Rechnet man die zwei Opernhäuser, die vielen Theater,

Orchester, Ballett- und Tanzensembles, Bibliotheken und Verlage, über 100 Universitäten und Hochschulen hinzu, versteht man, weshalb New York als »kulturelles Zentrum der Welt« gilt.
Seinen Ruf als Kunstmetropole verdankt New York in erster Linie den großen Museen wie dem Metropolitan, dem Natural History Museum, Guggenheim oder MoMA, doch auch die kleineren, innovativ-kreativen Museen präsentieren oft interessante und sehenswerte Ausstellungen und sind vielfach überschaubarer als die »großen«.

Museen locken Kunstfreunde aus aller Welt an, und für jeden gibt es das richtige Souvenir (oben). Die New York Stock Exchange an der Wall Street (rechts). Die Staten Island Ferry passiert die Statue of Liberty (rechte Seite). Das neue Visitor Information Center in Midtown (rechte Seite oben).

Ein Labyrinth von endlosen Schritten

»New York war ein unerschöpflicher Raum, ein Labyrinth von endlosen Schritten ...« – diese Zeile des US-Autors Paul Auster kann als Leitfaden für die Erkundung der Metropole dienen. New York ist in der Tat ein Labyrinth aus Wolkenkratzerschluchten, die je nach Wetter und Lichteinfall bedrohlich oder faszinierend wirken. New York bietet aber auch pulsierend-bunte Viertel, stille Ecken und grüne Ruheoasen. Und New York will erlaufen werden. Angesichts der Dimensionen der Stadt bedient man sich am besten einer Kombination aus Spaziergängen und öffentlichem Nahverkehr. Mit der Subway geht es von Viertel zu Viertel, man arbeitet sich von Süden nach Norden vor oder aber wählt aus, je nach zur Verfügung stehender Zeit.

Kaum ist man aus einer Subway-Station aufgetaucht, befindet man sich in einer anderen Welt, ist umgeben von anderen Gerüchen, hört unbekannte Sprachen und sieht andere Architektur.

Allmählich versteht man auch, was der amerikanische Schriftsteller John Steinbeck meinte, als er 1954 schrieb: »Ich glaube nicht, dass New York sich mit anderen Städten vergleichen lässt. Es (...) vereinigt im Grunde alles und jedes in sich ...« Steinbeck muss es nun wirklich wissen, denn immerhin hat der in Salinas im Bundesstaat Kalifornien geborene Schriftsteller etwa sein halbes Leben in New York verbracht und ist dort im Jahr 1968 gestorben.

WEITERE INFORMATIONEN:

Zu Hause: NYC & Company, c/o Aviareps Tourism, Tel. 089-23 66 21 34, www.nycgo.com/de bzw. www.nycgo.com Vor Ort: Official NYC Information Center, Midtown, 810 Zth Avenue/53rd Street, Tel. (212) 484-1200, Mo–Fr 8.30–18, Sa, So 9–17 Uhr. Topmoderne Haupt-Informationsstelle der Stadt.

WEITERFÜHRENDE LITERATUR:

Von den Autoren sind zwei Reiseführer und ein Kunstführer zu New York erschienen: der knapp 400-seitige CityGuide New York City – mit ausführlichen Beschreibungen von Stadt und Bewohnern, Sehenswürdigkeiten, Museen, Stadtvierteln sowie praktischen Tipps und Hintergrundinformationen aller Art –, der prägnante Stadtführer CityTrip New York – Sehenswertes knapp auf den Punkt gebracht und daher ideal für den Kurzaufenthalt – sowie New York – Reclams Städteführer NEW YORK zu Detailinformationen über Architektur, Kunst und Museen.

George Washington überblickt vor der Federal Hall die ganze Wall Street (oben). Pulsierendes Leben in den Straßen von Chinatown (Mitte). Bad Santa Day in Greenwich Village (unten). Das Flatiron Building ist einer der markantesten Wolkenkratzer in Downtown Manhattan (rechts).

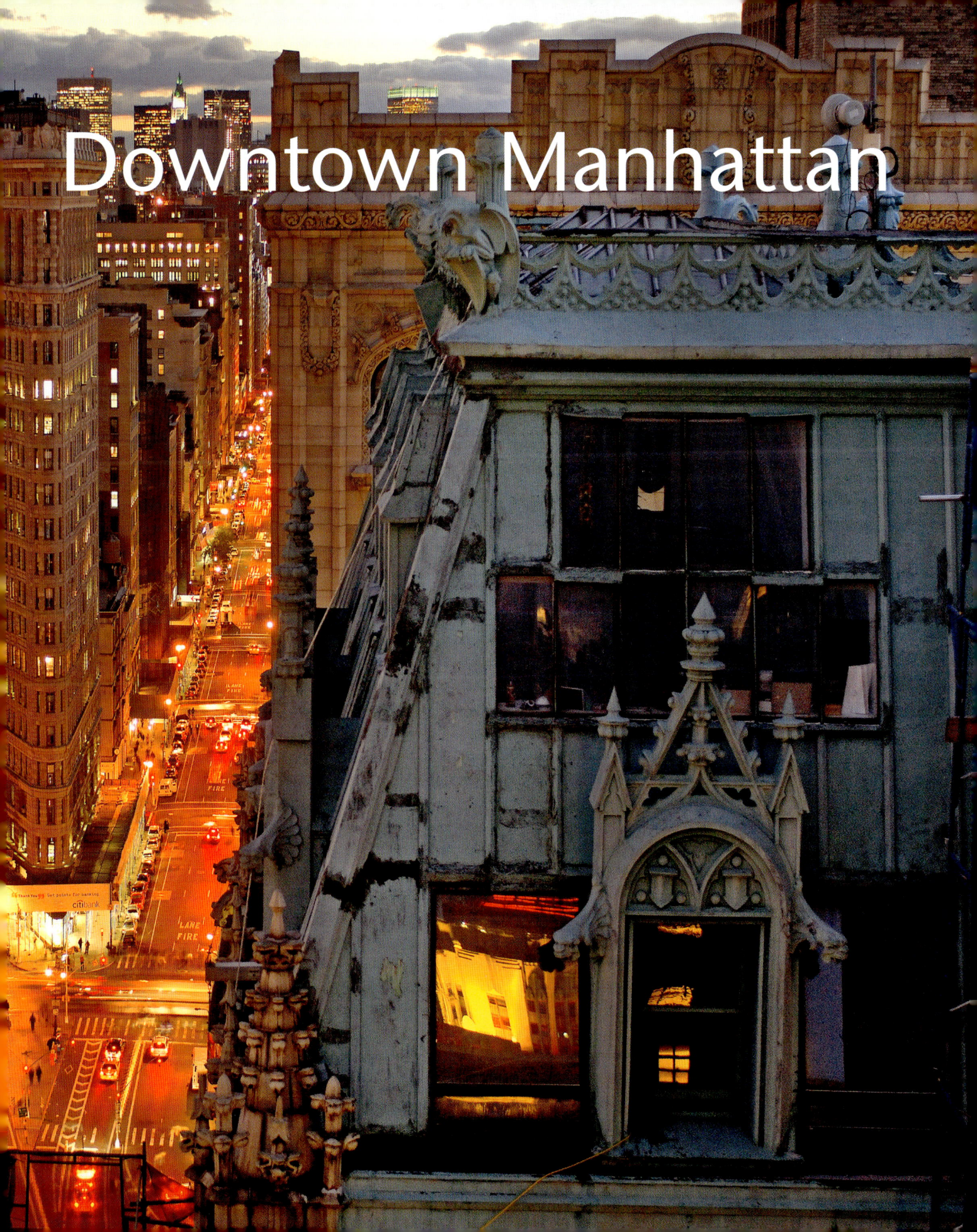

Downtown Manhattan

1 Statue of Liberty

Symbol für Freiheit und Demokratie

»Gebt mir eure Müden, eure Armen, eure niedergedrückten Massen, die sich danach sehnen, frei zu atmen.« Diese Inschrift am Sockel der Freiheitsstatue von der New Yorker Dichterin Emma Lazarus (1849 bis 1887) belegt die Bedeutung des Monuments als Symbol für Freiheit und Demokratie. Längst ist die fast 34 Meter hohe Statue vor der Hafeneinfahrt New Yorks zum Wahrzeichen der Stadt geworden und gilt als »nationales Heiligtum«.

Die Statue of Liberty symbolisiert Freiheit und Demokratie und war einst ein Geschenk Frankreichs an die USA (oben). Am 4. Juli, dem Unabhängigkeitstag, staunt selbst die Freiheitsstatue über das grandiose Feuerwerk (rechts unten). Die Freiheitsstatue in der Hafeneinfahrt von New York ist weithin sichtbar (rechts oben).

Die Statue of Liberty war ein Geschenk der französischen Nation an die USA, in Anerkennung der Vorreiterrolle Amerikas beim Aufbau eines modernen demokratischen Systems. Die Idee dafür hatte der französische Jurist, Publizist und Politiker Éduard René Lefebvre de Laboulaye (1811–1883), der für das »Modell Amerika« schwärmte. Um 1865 waren bereits erste Pläne für ein solches Monument in Frankreich diskutiert worden. Ziel war es, damit nicht nur die republikanischen Ideale in Frankreich zu stärken, sondern auch die Freundschaft zu den USA zu untermauern.

Der Künstler Frédéric-Auguste Bartholdi (1834–1904) war von dem Vorhaben begeistert, allerdings konnte er sich erst im Jahr 1871 auf den Weg in die USA machen, um nach einem passenden Ort zu suchen und um Persönlichkeiten wie Präsident Ulysses S. Grant um finanzielle Unterstützung zu bitten. Ein Standort war schnell gefunden: das »Tor in die Neue Welt«, New York, und dort das kleine Bedloe's Island – 1956 in »Liberty Island« umbenannt. Daraufhin präsentierte de Laboulaye 1874 in Paris erste Zeichnungen und Bartholdis Modell. Eigentlich sollte die Statue bereits zwei Jahre später, anlässlich der Einhundertjahrfeier der USA, aufgestellt werden, doch Geldmangel verzögerte die Realisierung.

Von Paris nach New York

Zunächst fertigte Bartholdi ein Tonmodell an, bei der Umsetzung in den ungewohnt großen Maßstab benötigte er jedoch technische Hilfe. Er konnte dafür auf die Unterstützung eines talentierten Tüftlers setzen: des Ingenieurs Gustave Eiffel (1832–1923), der 1889 durch den gleichnamigen Turm in Paris berühmt werden sollte. Schließlich war es 1884 endlich so weit: Die nach dem Vorbild antiker Monumentalfiguren

geschaffene Freiheitsstatue wurde erstmals auf der Weltausstellung in Paris 1884 vorgestellt.

Unterdessen hatte der Architekt Richard M. Hunt (1827–1895) auf der kleinen Insel in New Yorks Hafeneinfahrt den Sockel – damals der weltweit größte aus einem Stück gegossene Betonblock – in die Fundamente eines ehemaligen Forts eingelassen. 1885 traf die Statue schließlich unter großem Getöse mit dem Schiff in New York ein. Nach einer glanzvollen Parade durch die Stadt wurde sie am 28. Oktober 1886 von Präsident Grover Cleveland offiziell enthüllt.

Hundert Jahre später erhielt die Freiheitsstatue sozusagen als Geburtstagsgeschenk eine Generalüberholung, im Zuge derer auch ein Museum eingerichtet wurde.

Das Statue of Liberty Museum informiert über Entstehung, Herstellung und Bedeutung der Statue; dazu sind unter anderem Modelle von Einzelteilen der Figur in Originalgröße ausgestellt. Eine Wendeltreppe führt über 354 Stufen zur Aussichtsplattform in der Krone hoch, deren sieben Strahlen die sieben Meere symbolisieren sollen. Ursprünglich war sogar die Fackel der höchste begehbare Punkt. Nach den Terroranschlägen vom 11. September 2001 war nur noch der Sockel der Statue mit Aussichtsplattform zugänglich, seit Sommer 2009 dürfen Besucher in limitierter Zahl wieder nach oben.

Nach dem 125. Geburtstag von Lady Liberty am 28. 10. 2011 sollen Krone, Podest und Museum erneut zu Modernisierungsarbeiten auf noch unbestimmte Zeit geschlossen werden.

TICKET-KNOW-HOW

Ab Castle Clinton/Battery Park verkehren je nach Jahreszeit und Andrang unterschiedlich häufig (mind. 9.30–17 Uhr, alle 30 Minuten) Fähren nach Liberty und Ellis Island. Um lange Wartezeiten zu vermeiden, sollte man Tickets vorbestellen, sonst gilt »first-come, first-served«. Ellis Island ist im »Fährpaket« immer enthalten, die Gesamttour mit Besichtigungen dauert ca. vier Stunden. Es gibt mehrere Ticketvarianten, Zugang zu beiden Inseln und zum Ellis Island Museum ist bei allen inbegriffen. Nur das »Crown Ticket« für den Zugang zur Krone kostet extra (muss bestellt werden).

WEITERE INFORMATIONEN ZU LIBERTY ISLAND

www.nps.gov/stli; Tickets: Tel. 1 (877) 523-9849 oder www.statecruises.com

Die Freiheitsstatue in Zahlen
Gesamthöhe: 92,99 m
Statuenhöhe (Sockel bis Fackel): 46,50 m
Figurenhöhe: 33,86 m
Höhe der Basis: 19,81 m
Höhe des Granitsockels: 27,13 m

Zwischen 1892 und 1954 war Ellis Island die wichtigste Einwanderungsstation der USA (oben). Die Great Hall diente als Eingangshalle und beherbergt heute das Immigration Museum (unten). Ein moderner Zugangsbereich empfängt heute die zahlreichen Besucher (rechts unten). Blick auf die Skyline der Stadt (rechts oben).

2 Ellis Island

»Tor zur Neuen Welt«

Die Staten Island Ferry tuckert bedächtig auf Manhattan zu, da rückt nach der Statue of Liberty ein weiteres Wahrzeichen der Stadt ins Blickfeld: Ellis Island. Zwischen 1892 und 1954 befand sich hier die wichtigste Einwanderungsstation der USA. Sie hatte Castle Clinton, das von 1855 bis 1889 die Ankommenden aufgenommen hatte, abgelöst, nachdem die Zahl der Zuwanderer im Laufe des 19. Jahrhunderts gestiegen und die Festung ihrer Funktion als »Tor zur Neuen Welt« nicht mehr gewachsen war.

Rund zwölf Millionen Immigranten aus aller Welt, darunter bekannte Persönlichkeiten wie Bert Brecht, betraten nach Eröffnung von Ellis Island auf dieser Insel erstmals amerikanischen Boden, wurden registriert, befragt, medizinisch untersucht und anschließend zugelassen oder abgewiesen. Der ganze Vorgang konnte im schlimmsten Fall mehrere Wochen dauern.

Der Traum vom Glück

Heute strömen statt der hoffnungsvollen Zuwanderer aus aller Welt vor allem US-Bürger auf Ellis Island, um anhand der dortigen Archive zu erforschen, wo ihre Vorfahren einst den Neuanfang wagten, wo ihr Traum vom Glück begann. Immerhin sollen während der gut 60 Jahre, die die Station in Betrieb war, fast 70 Prozent aller Einwanderer hier angekommen sein. Per Schiff, wohlgemerkt, denn in jenen Jahren war das Schiff das

wichtigste Transportmittel und New York der größte Hafen im Land. Nach der Schließung 1954 war der Gebäudekomplex vom Verfall bedroht und wurde zum politischen Spielball zwischen den Bundesstaaten New York und New Jersey. Präsident Lyndon B. Johnson war es schließlich, der die Insel 1965 dem National Park Service unterstellte und damit vor dem endgültigen Verfall bewahrte. Anlässlich der Einhundertjahrfeier 1992 fanden Umbauten für über 170 Millionen Dollar statt, und 1997 wurde die Insel in die Liste der »America's 11 Most Endangered Historic Places« aufgenommen. Trotz der Bedeutung des Denkmals für die USA und der hohen Besucherzahlen gibt es nämlich auf Ellis Island immer noch viel zu tun. Die auf Spenden basierende Initiative »Save Ellis Island« möchte nach und nach die insgesamt 29 Gebäude der früheren Immigrantenstation renovieren.

Immigrantenschicksale werden lebendig

Immerhin wurde der Hauptbau mit der Great Hall, der Ankunftshalle, renoviert und bildet das sehenswerte Immigration Museum, in dem es um vier Jahrhunderte Einwanderungsgeschichte, die Geschichte von Ellis Island und um einzelne Immigrantenschicksale geht. Neben der Empfangshalle gibt es die Schlafsäle, das Fährbüro, Anhörungsräume, Krankenstation und Speisesaal zu besichtigen. Erinnerungsstücke, Fotos, Karten, Briefe, Tagebuchaufzeichnungen und Originalinterviews mit Ankömmlingen lassen zahllose Immigrantenschicksale ganz konkret nachvollziehen. Beeindruckend ist vor allem die Abteilung »Treasures from Home« – eine

Sammlung von Dingen, die die Immigranten von zu Hause mit in die Neue Welt brachten. In der neu geplanten Abteilung »Peopling of America« werden elf grafische Displays über vier Jahrhunderte Einwanderungsgeschichte, von vorkolonialer Zeit bis heute, also auch vor und nach Ellis Island, informieren. Es gibt Filme und Hörproben, und Computerprogramme im dazugehörigen American Family Immigration History Center helfen bei der Ahnenforschung. Auch ein interaktives Lernzentrum für Kinder sowie eine Forschungsbibliothek stehen zur Verfügung. Hinter dem Bau befindet sich schließlich die Immigrant Wall of Honor, auf der die Namen von allen bekannten Einwanderern aus aller Welt zu lesen sind.

ANNÄHERUNG AN MANHATTAN

Abgesehen von der (kostenpflichtigen) Bootsfahrt nach Liberty/Ellis Island gibt es zwei Möglichkeiten, gratis die Skyline New Yorks auf sich wirken zu lassen: zum einen mit der Staten Island Ferry vom Whitehall Ferry Terminal nach Staten Island (www.siferry.com). Dort ist neuerdings Aussteigen und Warten auf die nächste Fähre nötig, was die Gesamtdauer des Ausflugs auf ca. 90 Minuten verlängert. Dafür gibt es spektakuläre Ausblicke auf Manhattan, den Hudson River, New Jersey, die Statue of Liberty und Ellis Island.

Im Sommer bietet sich auch die ebenfalls kostenlose, kürzere Fahrt mit der Governors Island Ferry ab Battery Maritime Building an. Dort lässt sich von der umlaufenden Promenade ebenfalls der Ausblick genießen (siehe auch 49. Governors Island).

WEITERE INFORMATIONEN ZU ELLIS ISLAND

www.ellisisland.com, www.nps.gov/elis, www.saveellisisland.org;
Fähren und Tickets siehe 1. Statue of Liberty.

3 | Battery Park

Grüne Oase an Manhattans Südspitze

Nähert man sich New York mit der Fähre, stellt man fest, dass der »Hochhauswand« zum Hudson River hin eine grüne Oase, der Battery Park, vorgelagert ist. Benannt wurde die Grünanlage nach den Geschützen, die einst zur Sicherung des Hafens hier am Zusammenfluss von East und Hudson River standen. Bänke, Statuen und Brunnen, Verkaufsstände und Entertainer machen den Park heute zu einem beliebten Ort zum Verschnaufen inmitten des städtischen Trubels – erst recht, da sich hier eine hervorragende Aussicht auf Hudson River, Ellis Island, Statue of Liberty und das New-Jersey-Ufer bietet.

Zahlreiche Skulpturen wie hier das East Coast War Memorial mit Bronzeadler verteilen sich auf dem Gelände des Battery Parks (oben). Erinnerungsfoto mit der »Freiheitstatue« gefällig (unten)? Blick von der Staten Island Ferry auf die Südspitze Manhattans und den Battery Park (rechs unten). Das Museum of Jewish Heritage (rechts oben).

Unter den zahlreich im Park verteilten Statuen und Monumenten ragt am Nordzugang »The Sphere« heraus. Das Stahl-Bronze-Kunstwerk war 1971 von dem bayerischen Künstler Fritz Koenig als Symbol für Freien Handel und Ideenaustausch zwischen den beiden Türmen des World Trade Center aufgestellt worden. Einem Wunder gleich überlebte die Skulptur den Einsturz der Gebäude nahezu unbeschadet und wurde vorübergehend hierher versetzt. Nach Fertigstellung des Neubaus soll das Kunstwerk als Erinnerungs- und Mahnmal zurück an den Ursprungsort gebracht werden.

Festung mit illustrer Geschichte

Nicht nur der Name des Parks erinnert an die alte New Yorker Hafenbefestigung, auch das hier befindliche Castle Clinton aus dem frühen 19. Jahrhundert war – wie vier weitere Befestigungsanlagen – Teil davon. Bei der Fertigstellung 1811 und im anschließenden War of 1812 gegen die Briten lag die kleine Festung noch etwa 60 Meter vom Ufer entfernt, mitten im Hudson River, und war nur durch eine Zugbrücke mit Manhattan verbunden.

1824 hatte die Festung ausgedient, und aus dem Militärstandort wurde ein Vergnügungspark, der durch Aufschüttungen mit dem Festland verbunden wurde. Zwischen 1855 und 1898 fungierte Castle Clinton als Vorgänger von Ellis Island, als Immigrationsstation für mehr als acht Millionen Einwanderer. Ein Aquarium zog ein paar Jahre später ein – heute befindet es sich auf Coney Island –, dann rückten die Abrissbirnen an. Doch der drohende Abbruch konnte

gerade noch abgewendet werden, und 1946 wurde der Bau zum »National Monument« erklärt. Seit 1975 ist die alte Festung wieder öffentlich zugänglich. Hier findet man hilfsbereite Park Ranger und eine Ausstellung, zudem dient sie als Ticketverkaufsstelle für die Ausflugsboote zur Statue of Liberty und nach Ellis Island.

»Stadt in der Stadt«

Die Esplanade, eine Promenade, die vom Battery Park am Hudson River entlang nordwärts zur Battery Park City führt, wird von New Yorker Büroangestellten als sportliches Betätigungsfeld und als Erholungsort zur Mittagspause geschätzt. Battery Park City ist ein architektonisch wegweisendes Bauprojekt, das in den 1970er-Jahren großteils auf künstlich aufgeschüttetem Gelände entstand. Das Fundament für diese »Stadt in der Stadt« mit Büros, Wohnungen, Parks und Versorgungseinrichtungen lieferte der Aushub aus der Baugrube, die für die beiden Türme des World Trade Center nötig war.

Markanter Punkt des Komplexes ist das 1988 nach Plänen des argentinischen Architekten Cesar Pelli entstandene World Financial Center, das aus drei verschieden hohen und unterschiedlich bekrönten Bürotürmen besteht. Dadurch, dass unten bevorzugt Granitplatten, oben vermehrt Glas verwendet wurden, gewinnen die Bauten eine verblüffende Leichtigkeit. Im Inneren des Komplexes gibt es ein 36 Meter hohes, tropisch bepflanztes Atrium, dessen Glas-Stahl-Konstruktion die einzelnen Wolkenkratzer verbindet. Es wird von einer Ladenpassage eingerahmt und öffnet sich zu einer Plaza am Fluss mit Yachthafen.

UNGEWÖHNLICHE MUSEEN AM HUDSON RIVER

Am Nordrand des Battery Park duckt sich ein flacher, sechseckig-pyramidaler Bau bescheiden ins Grün der Umgebung. Hinter der fast fensterlosen Fassade verbirgt sich das sehenswerte **Museum of Jewish Heritage**, dessen Grundriss an die sechs Millionen ermordeten Juden erinnern soll, aber auch an den Davidstern. Im Mittelpunkt stehen drei Themen: das jüdische Leben im späten 19. Jahrhundert, die Judenverfolgung – insbesondere durch die Nationalsozialisten – und das Wiederaufblühen des Judentums in den letzten Jahren. Dazu gehören ein Laden, das Heritage Café und der Garden of Stones.

Gegenüber vom jüdischen Museum befindet sich im Hotel Ritz-Carlton das **Skyscraper Museum**, in dem neben sehenswerten Minimodellen, Fotos und Plänen interessante Wechselausstellungen zu aktuellen Architekturthemen gezeigt werden.

WEITERE INFORMATIONEN ZUM BATTERY PARK

Museum of Jewish Heritage: 36 Battery Place, www.mjhnyc.org
Skyscraper Museum: 39 Battery Place, www.skyscraper.org

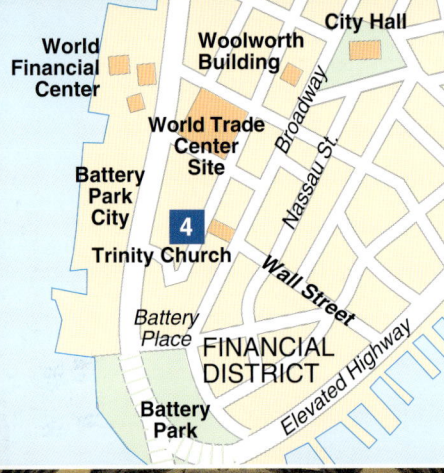

4 Trinity Church und Broadway

Gott und die Welt

Der berühmte Broadway hat noch keinen Kilometer zurückgelegt, da gelangt schon die Trinity Church ins Blickfeld. Einst dominierte das Gotteshaus nicht nur den Broadway, sondern war das Zentrum des »alten« New Yorks. Heute scheint die Kirche von den umgebenden Hochhäusern beinahe erdrückt zu werden, doch sie behauptet sich im Trubel des Finanzzentrums zwischen Bowling Green und Wall Street. Hier soll 1626 der Niederländer Peter Minuit den Indianern für eine Handvoll Glasperlen die Insel Manhattan abgekauft haben und von hier aus entwickelte sich die Stadt entlang dem Broadway.

Die Trinity Church beherbergt Kunstschätze wie ein mächtiges Buntglasfenster über dem Altar (oben). Auf dem Friedhof neben der Trinity Church fanden historische Persönlichkeiten ihre letzte Ruhe (rechts unten). Im ehemaligen Zollbau an Bowling Green befindet sich ein Indianermuseum (rechts oben).

Auf dem Gelände des heutigen Bowling Green fand früher regelmäßig ein Viehmarkt statt, und es soll auch eine Bowlingbahn gegeben haben, was den Namen erklärt.
Hinter dem Park erhebt sich unübersehbar das ehemalige US Custom House von 1907 (1 Bowling Green Street). Bis 1973 residierte hier, in unmittelbarer Hafennähe, die Zollbehörde, heute ist in dem Gebäude eine Zweigstelle des National Museum of the American Indian zu Hause.
Nur wenige Schritte nördlich von Bowling Green reibt man sich verwundert die Augen: Mitten im pulsierenden Verkehr des Broadway gibt es eine Oase der Ruhe, die Trinity Church (Broadway/Wall Street). Ihr neugotischer Kirchturm wirkt im Schatten der Wolkenkratzer zwar vergleichsweise bescheiden,

dafür kann sie aber mit Jahren punkten: Die Kirche wurde von dem englischen König William III. 1697 gestiftet und gehört somit zu den ältesten anglikanischen Gotteshäusern in Nordamerika.

Neogotischer Kirchenbau

Keine 100 Jahre später, 1776, brannte das alte Gotteshaus jedoch ab, und auch der Nachfolgebau erwies sich als wenig standhaft: Er stürzte im Winter 1838/39 unter einer hohen Schneelast ein. Der dritte Bau sollte dann alle Stürme der Zeit und auch den Terroranschlag vom 11. September 2001 überstehen.
Die Kirche war 1846 im neogotischen Stil nach Plänen von Richard Upjohn aus rötlichem Sandstein errichtet worden und fällt besonders wegen ihrer Bronzetüren und Buntglasfenster auf.

Die Bronzetüren, auf denen biblische Szenen dargestellt sind, stammen von Richard Morris Hunt (1828–1895), der sie nach dem Vorbild von Lorenzo Ghibertis Florentiner Paradiestür geschaffen hatte. Die auf den ganzen Kirchenraum verteilten Buntglasfenster zeigen religiöse Szenen. Das besonders schöne Fenster über dem Altar, auf dem Jesus und die Apostel zu sehen sind, soll aus Deutschland stammen. In der angrenzenden All Saints' Chapel befindet sich ein Kenotaph für Reverend William Dix, in den angrenzenden Räumen sind weitere Grabmäler untergebracht. Im Baptisterium hängt rechts vom Eingang ein italienisches Triptychon aus dem 15. Jahrhundert. Die Kirchenorgel mit ihren fast 9000 Pfeifen, die im Jahr 1961 nach alten Vorlagen rekonstruiert wurden, nimmt eine Sonderstellung ein.

Gott wacht über die Wall Street
Der Kirchturm mit seinen rund 86 Metern Höhe wirkt heute angesichts der hoch aufragenden Nachbarschaft bescheiden, bis etwa 1860 machte er die Trinity Church jedoch zum höchsten Gebäude New Yorks. Da die Kirche zudem direkt in der Achse Broadway/ Wall Street steht, sagt man, Gott würde von hier aus die Geschehnisse im Machtzentrum des Mammons genau beobachten – und gegebenenfalls die Menschen mit einer Krise, sprich einem Börsencrash, von ihren Höhenflügen auf den Boden der Tatsachen zurückholen. Auf dem parkartigen Trinity Churchyard, dem zur Kirche gehörigen Friedhof, haben etliche Prominente die letzte Ruhe gefunden, beispielsweise der erste US-Finanzminister Alexander Hamilton, Albert Gallatin (1761–1849), Diplomat und US-Finanzminister unter Präsident Thomas Jefferson oder der Ornithologe und Zeichner John James Audubon (1785-1851). Zudem verteilen sich über das Gelände des Friedhofs mehrere Denkmäler wie etwa das Firemen's Memorial Monument.

EINBLICK IN DIE WELT DER UREINWOHNER NORDAMERIKAS

Auch wenn die etwa 800 000 indianische Objekte umfassende Privatsammlung des New Yorker Geschäftsmanns George Gustav Heye (1874–1957) vor einigen Jahren in die Hauptstadt Washington, D.C., umgezogen ist und dort den Grundstock des neuen, spektakulären **National Museum of the American Indian (NMAI)** bildet, ist das George Gustav Heye Center im ehemaligen US Custom House immer noch einen Besuch wert. In der ehemaligen Heimat der Sammlung hat die Smithsonian Institution eine Filiale eingerichtet, die Wechselausstellungen zur Geschichte, Kultur und Kunst der nordamerikanischen Indianer zeigt. Zudem gibt es ein umfangreiches Filmarchiv, einen interessanten Museumsladen sowie ein vielseitiges Veranstaltungsprogramm.

WEITERE INFORMATIONEN ZU TRINITIY CHURCH UND BROADWAY

National Museum of the American Indian (NMAI): George Gustav Heye Center – US Custom House, 1 Bowling Green, www.nmai.si.edu, Fr–Mi 10–17 Uhr, Do 10–20 Uhr, Eintritt frei

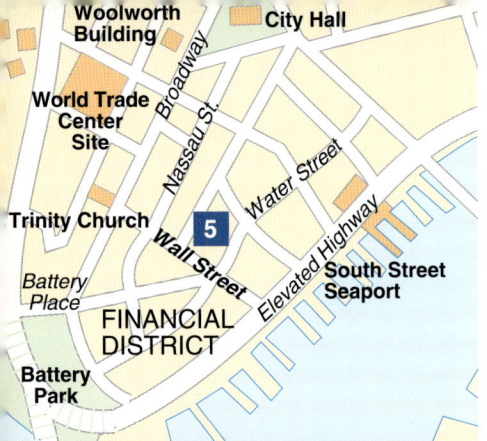

5 Wall Street

Im Zentrum der Geldmacht

»Wall Street« – weltweit steht der Name dieser New Yorker Straße symbolisch für das Zentrum der amerikanischen Wirtschaftsmacht und der gesamten Finanzwelt. Doch in den Anfangsjahren der Stadt hatte die Wall Street gar nichts mit Geld zu tun. Der Name geht vielmehr auf die alte Stadtmauer, eine hölzerne Barrikade, zurück, die die ersten Siedler hier am einstigen nördlichen Stadtrand zum Schutz vor Indianern errichtet hatten.

In der New York Stock Exchange wird internationales Schicksal mitbestimmt (oben). Der Bronzestier am Broadway war ein Geschenk des Bildhauers Arturo Di Modica an die Börse (unten). George Washington wacht über die Wall Street (rechts unten). Die weltberühmte, heute für Besucher nicht mehr zugängliche New Yorker Börse (rechts oben).

Schaltzentrale und Herz des Finanzviertels ist die bedeutendste Börse der Welt, die New York Stock Exchange, kurz »NYSE«, in der Wall Street. Sie befindet sich in einem 16-stöckigen Bau von 1903. Die Besuchergalerie war bis zum 11. September 2001 ein Hauptanziehungspunkt für Touristen aus aller Welt, seit dem Terroranschlag an jenem Tag ist die Börsenhalle für das Publikum geschlossen.

Bescheidene Anfänge

Die Anfänge der Börse waren bescheiden: 1792 trafen sich 24 Makler in der Wall Street Nummer 68, die offizielle Gründung des »New York Stock & Exchange Board« erfolgte im Jahr 1817. Ihren heutigen Namen erhielt sie 1863, und zwei Jahre später wurde der erste Börsenbau an der Ecke Wall/Broad Street eröffnet. Die NYSE machte in ihrer Geschichte durchaus nicht nur Hochphasen durch, sondern erlebte auch

verheerende Börsencrashes, wie den »Black Friday« am 29. Oktober 1929 oder den »Schwarzen Montag« am 19. Oktober 1987. Heute werden in der Stock Exchange für über 2000 Firmen täglich rund 200 Millionen Aktien in Millionenhöhe gehandelt – seit 1981 vollelektronisch.

Einen Ersatz für die nicht mehr zu besichtigende NYSE bietet das nur wenige Schritte entfernte Museum of American Finance (48 Wall Street), obwohl hier das lebhafte Treiben auf dem Börsenparkett natürlich fehlt. Doch das multimediale Museum ist eine gute Informationsquelle über Finanzwesen, Börsen und Banken. Es befindet sich in einem passenden historischen Bau: in der einstigen Bank of New York, 1927 das erste Bankhaus der Stadt. Im Alexander Hamilton Room wird hier dem ersten Schatzmeister der USA Tribut gezollt. In der riesigen historischen Schalterhalle geben verschiedene Abtei-

lungen Einblick in die Welt des Geldes, der Banken und des Börsenhandels.

Geburtsstunde der Nation

Während die Börse für die amerikanische Wirtschaftsmacht steht, erinnert die Federal Hall gegenüber an die Geburtsstunde der Nation. Hier wurde am 30. April 1789 George Washington als erster US-Präsident vereidigt – seine Bronzestatue erhebt sich heute über den Stufen. Das 1703 erbaute Gebäude diente zunächst als Rathaus, dann kurzzeitig, bis zum Umzug nach Philadelphia 1790, als erstes US-Kapitol. Mit der Errichtung eines neuen Rathauses 1812 geriet die Federal Hall in Vergessenheit und wurde abgerissen.

Der heutige Bau, der sich an der Stelle der historischen Federal Hall erhebt, entstand zwischen 1834 und 1842 als neuer Sitz der Zollverwaltung im Greek Revival Style. Als Vorbild für die Fassade mit ihren 16 dorischen Säulen diente dabei der Parthenon der Athener Akropolis, der Innenraum mit 16 korinthischen Säulen soll an das Pantheon in Rom erinnern. 1862 verließ die Zollbehörde den Bau, anschließend zogen verschiedene Behörden ein, ehe 1939 der Staat das Gebäude erwarb und zum nationalen Denkmal erklärte. Seither informiert in den Innenräumen der National Park Service über den geschichtsträchtigen Ort, den Bau, die frühe Geschichte der USA und die US-Verfassung; auch Sonderausstellungen stehen auf dem Programm. Außerdem betreibt New York City & Company hier eine Informationsstelle.

PRAKTISCHER TIPP

Downtown Connection: Die Kleinbusse der Downtown Connection erlauben es Besuchern, die Füße zu schonen. Zwischen Rathaus, WTC Site, Battery Park, Wall Street und South Street Seaport pendeln sie kostenlos täglich zwischen 10 und 19.30 Uhr im Zehn-Minuten-Takt. www.DowntownNY.com/DowntownConnection

WEITERE INFORMATIONEN ZUR WALL STREET

Federal Hall National Monument: 26 Wall Street, www.nps.gov/feha, mit Official NYC Information Center, Mo–Fr 9–17 Uhr, Eintritt frei, Gratis-Führungen Mo–Fr 10, 11, 13, 14, 15 Uhr.

Museum of American Finance: 48 Wall Street, www.financialhistory.org, Di–Do 10–16 Uhr. In dem dazugehörigen Museumsladen gibt es auch Souvenirs der New York Stock Exchange.

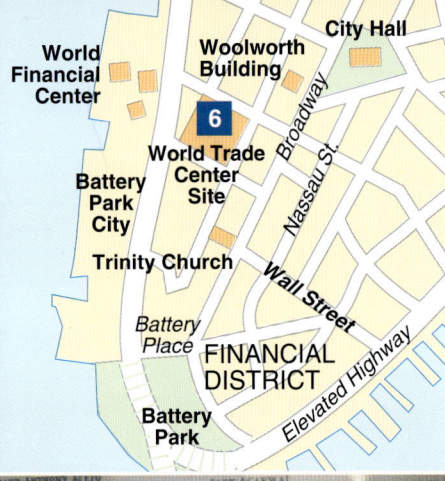

6 World Trade Center Site

Ein neues Wahrzeichen

Blickt man heute von der Brooklyn Bridge oder von einer Fähre auf die Südspitze Manhattans, bietet sich zwar eine beeindruckende Skyline, doch ist da eine Lücke unübersehbar. Von 1973 bis zum 11. September 2001 dominierten die beiden rund 420 Meter hohen Zwillingstürme des World Trade Center das Bild. Was an jenem Herbsttag geschah, wird unvergessen bleiben, selbst wenn die Baulücke 2013 wieder geschlossen sein wird.

Die Opfer 9/11 werden von den New Yorkern nie vergessen. Ein neues Museum wird ab 2012 die Ereignisse der Katastrophe aufarbeiten (rechte Seite oben). Auf der World Trade Center Site wachsen langsam die Neubauten in den Himmel von Lower Manhattan (rechts unten).

Die zerstörten Türme des World Trade Center waren zwischen 1966 und 1973 nach Plänen des japanischen Architekten Minoru Yamasaki für 1,5 Milliarden Dollar errichtet worden. Das World Trade Center stellte bei der Einweihung am 4. April 1973 nicht nur den größten Bürokomplex der Welt dar, sondern galt mit den zwei 417 bzw. 415 Meter hohen Türmen zugleich als weltweit höchster Bau.

Von Ground Zero zur World Trade Center Site

Der Terroranschlag am 9. September 2001, »9/11«, hatte ein gigantisches Trümmerfeld, den sogenannten Ground Zero, zurückgelassen. Sieben Gebäude waren komplett zerstört, weitere beschädigt worden. Die Aufräumarbeiten gingen zunächst flott voran. Es wurde ein Architekturwettbewerb ausgeschrieben, doch dann kam es immer wieder zu Unstimmigkeiten, Diskussionen,

Planänderungen, Verzögerungen und Unterbrechungen der Bauarbeiten: So wurde beispielsweise der im Februar 2003 ausgewählte künstlerisch anspruchsvolle, wenn auch etwas utopisch anmutende Entwurf von Daniel Libeskind für den »Freedom Tower« (jetzt: »WTC 1«), das Kernstück des Komplexes, gut zwei Jahre später über den Haufen geworfen.

Die Bahn war frei für den von Pächter Larry Silverstein – das Gelände gehört der Port Authority New York/New Jersey – bevorzugten Architekten David Childs vom bekannten Architekturbüro Skidmore, Owings & Merrill (SOM). Gegenwärtig wächst nun über einem festungsartigen, 66 Meter hohen massiven Betonsockel ein wenig spektakulärer, fast plump anmutender Turm mit einem Grundriss in Form eines Parallelogramms aus dem Boden. Der neue Entwurf zeichnet sich vor allem durch Massivität und Schutzvorkehrungen, wie etwa feh-

WTC 1, früher »Freedom Tower«, soll ab 2013 der Südspitze Manhattans ein neues Gesicht geben (oben). Blick auf Battery Park City (unten). Die St. Paul's Chapel überstand »9/11« fast unbeschadet (rechts). Ein Memorial mit Wasserbecken steht heute an der Stelle der beiden Türme (r. Seite unten). Blick in die 9/11 Memorial Preview Site (r. Seite oben).

lende Fenster und die Zurücksetzung von der Straße, aus. Das Gebäude soll samt Antenne 1776 Feet (542 Meter) messen – eine historische Reminiszenz an das Gründungsjahr der USA und eines der wenigen Überbleibsel von Libeskinds Plan, der gespickt war mit metaphorischen Bezügen und symbolischen Anspielungen.

Langsamer Baufortschritt

Als bislang einziger Bau wurde im Mai 2006 das WTC 7 eröffnet, seit November 2006 wächst der Freedom Tower in die Höhe; er soll 2013 eröffnet werden. Weitere Bürotürme – die WTC Towers 2 bis 5 – sind in Planung bzw. in Bau, allesamt stammen sie vom Reißbrett bekannter Architekten wie Sir Norman Foster (WTC 2) oder Kohn Pedersen Fox (WTC 5).

Auch beim Transit Center von Santiago Calatrava, dem Knotenpunkt von Subways und Nahverkehrszügen, kam es zu Verzögerungen – vor 2014 wird die Eröffnung nicht zu erwarten sein. Die Pläne sehen einen spektakulär überkup-

pelten Glasbau mit aufklappbarem Flügeldach vor, es soll eine mehrstöckige Haupthalle (Transit Hall) und unterirdische Tunnels zur Verbindung zu den WTC Towers und zum Memorial geben.

Gedenkstätte und Museum

Das National September 11 Memorial & Museum geht auf einen Entwurf von 2004 von Arad, Walker und Bond zurück. Das Denkmal mit Inschriftenmauer, Wasserfall, zwei Wasserbecken und Meditationsraum soll an die fast 3000 Menschen erinnern, die bei den Anschlägen am 26. Februar 1993 und am 11. September 2001 ums Leben gekommen sind. In den zwei von den Türmen gebildeten Grundrissen, den *footprints*, wurde zum zehnten Jahrestag am 11. September 2011 das Memorial, eine Platzanlage mit Bäumen und Wasser, eröffnet. Das Museum wurde von dem lokalen Architekten Davis Brody Bond entworfen, der Zugangspavillon (überirdisch) von Craig Dykers von der norwegischen Firma Snøhetta. Das Museum soll ab 2012 mit Ausstellungen

und einer Memorial Hall, Inschriftenmauer und Meditationsraum für die
Öffentlichkeit zugänglich sein.

Felsen in der Brandung

Am 11. September 2001 schien rings
um die St. Paul's Chapel die Welt unter-
zugehen, doch die Kirche blieb fast
unbeschädigt wie ein Fels in der Brandung stehen. Während der Aufräumarbeiten diente sie als Ort der Zuflucht,
der Trauer, der Stille und zugleich als
Versorgungs- und Anlaufpunkt für Hilfs-
kräfte, Familienangehörige und Trost-
suchende. Die St. Paul's Chapel ist die
einzige erhaltene Kirche New Yorks aus
der Zeit vor der Unabhängigkeit. 1766
hatte man mit der Errichtung begonnen, Ostteil sowie Westturm waren
jedoch erst um 1794 fertiggestellt. Im
Nordflügel befindet sich Washington's
Pew, die Gebetsbank, in der George
Washington am Tag seiner Amtseinfüh-
rung, dem 30. April 1789, nach der Ver-
eidigung beim Gottesdienst saß.

Das Tribute WTC Visitor Center ist ein
kleines, aber sehenswertes Museum zu
den Terroranschlägen auf das World
Trade Center am 26. Februar 1993 und
am 11. September 2001. Im Zentrum
der Ausstellung steht »Person to Person
History«, d. h. der menschliche Aspekt.
Die Initiative für das Museum kam von
der September 11th Families' Association, einem Zusammenschluss von
Betroffenen und Hinterbliebenen des
Anschlags von 2001. Die Exponate
befassen sich mit Menschen, Orten und
Ereignissen, nur am Rand mit den Kata-
strophen selbst. In einem zentralen
Raum wird anhand von Fotos und privaten Erinnerungsstücken der Opfer
gedacht. Im Untergeschoss zeigt man
Wechselausstellungen. Hier, gleich
neben der WTC Site, starten auch emp-
fehlenswerte Touren, die von einstigen
Beteiligten – Familienangehörigen, Über-
lebenden oder Rettungskräften – durch-
geführt werden und über das ganze
Areal der WTC Site führen.

ERINNERUNGEN AN DAS WORLD TRADE CENTER

Bis das National September 11 Memorial
& Museum vollständig für die Öffentlichkeit zugänglich sein wird, gibt es zwei
interessante Anlaufstellen:
9/11 Memorial Preview Site,
20 Vesey/Church Street, http://
wtcmf.convio.net/site/PageServer?page-
name=new_visit_preview, Mo–Sa 10–19,
So 10–18 Uhr. Hier gibt es Informationen
zu Bauvorhaben und -fortschritt.
Tribute WTC Visitor Center,
120 Liberty Street, www.tributewtc.org,
Mo, Mi–Sa 10–18, Di 12–18,
So 12–17 Uhr. Museum sowie hochinte-
ressante, emotionale Touren
(So–Fr 11/15, Sa 11–15 Uhr stündlich).

WEITERE INFORMATIONEN ZUR WORLD TRADE CENTER SITE

www.wtc.com – zum Neubauprojekt im
Einzelnen
www.renewnyc.com – Seite zu Lower
Manhattan
www.panynj.gov/wtcprogress – Informationen zum Baufortschritt
www.911memorial.org – zum 9/11
Memorial und Museum

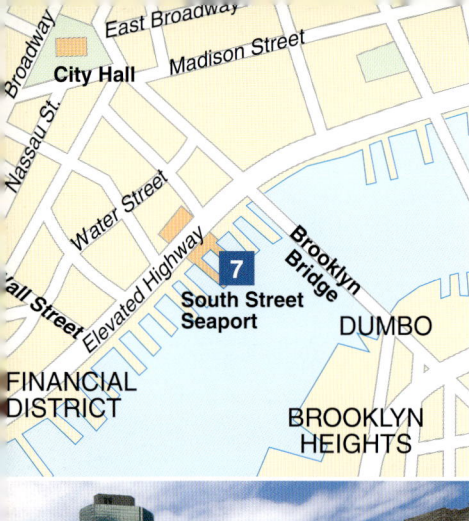

7 | South Street Seaport

Bummel durch das alte New York

Im Schatten all der modernen Bauten und angesichts der auffälligen Skulpturen und weitläufigen Plätze an der Südspitze Manhattans nehmen sich die Reste des »alten« New York, des historischen Stadtkerns, vergleichsweise bescheiden aus. Erhalten ist lediglich der Kern des alten Hafenviertels aus dem 19. Jahrhundert zwischen Pier 15 und Pier 17/18 (Burlington und Peck Slips) sowie South und Water Street.

Der South Street Seaport markiert das Zentrum des alten New Yorker Hafenviertels im 19. Jahrhundert und des modernen Vergnügungsareals. Das South Street Seaport Museum ist kein Museum im eigentlichen Sinne, es ist vielmehr ein historischer Distrikt mit Schiffen, maritimen Bauten und Museum. Der Komplex erstreckt sich über insgesamt zwölf Häuserblocks. Auch die Hallen des 1821 ins Leben gerufenen Fulton Fish Market sind ein Relikt alter Zeiten – der Markt ist inzwischen in die Bronx umgezogen.

New Yorks »vergnüglicher« Hafen

Dank einer Revitalisierungs-Maßnahme konnte der Verfall des Hafenareals in den späten 1970er-Jahren verhindert werden. Erneut legen hier heute Schiffe an, auch wenn es »nur« die kleinen, gelben Water Taxis und unterschiedliche Tourboote sind. Zudem gibt es Läden, Restaurants, Bars, ein Hotel, eine Ausstellungshalle und sogar eine Open-Air-Bühne.

In die alten Lagerhallen an Pier 17 sind Cafés, Imbissstände und kleine Läden eingezogen, es gibt eine Aussichtsterrasse und einen Watertaxi Beach mit »Biergarten«. Besonders lohnend ist ein Besuch auf den historischen Schiffen, die an Pier 16 vor Anker liegen. Dazu gehören der Schoner »Pioneer«, der Schlepper »W.O. Decker« und die Hamburger Viermastbark »Peking«, das zweitgrößte Segelschiff der Welt. Auch das Areal westlich der Piers, entlang der South Street, wurde renoviert und beherbergt heute Shops, Kneipen und Galerien. Sehenswert ist die Schermerhorn Row, an der sich 1811 bis 1813 erbaute Lagerhäuser und Kontore aufreihen, beispielsweise Peck Slip mit dem Meyer's Hotel von 1873 oder das Titanic Memorial (Fulton/Water Street).

Fraunces Tavern Block Historic District

Viel ist aus New Yorks Kindertagen nicht erhalten, eine Ausnahme ist das 1793 im Federal Style erbaute Watson House

South Street Seaport markiert das Zentrum des alten New Yorker Hafenviertels (oben). Pier 17 ist das touristische Zentrum des Hafenareals (unten). Malerisch vor der Kulisse Manhattans: Die historischen Schiffe sind Teil des South Street Seaport Museums (rechts unten). Mit Wassertaxis auf New Yorks Flüssen unterwegs (rechts oben).

(7/8 State Street), eines der ältesten erhaltenen Baudenkmäler der Stadt. Im Inneren befindet sich eine katholische Pilgerstätte, der Shrine of Mother Seton. Elizabeth Ann Seton (1774–1821) war als erste Amerikanerin 1975 vom Papst heiliggesprochen worden. Sie hatte den ersten Nonnenorden der USA, die »American Sisters of Charity«, gegründet und ab 1807 mehrere kirchliche Schulen ins Leben gerufen.

Nur Schritte davon entfernt liegt der Fraunces Tavern Block Historic District, New Yorks einziger original erhaltener Straßenblock aus dem 18. Jahrhundert mit malerischen alten Ziegelhäuschen. Im Zentrum des denkmalgeschützten Ensembles steht das Fraunces Tavern Museum (54 Pearl Street), eine exakte Replik eines 1719 erbauten Backstein-Gasthauses. Im ersten Stock erinnert ein Museum an die Geschichte und die Kultur New Yorks jener Tage.

In der nahen Stone Street sind weitere Wohnhäuser erhalten, die nach einem Feuer im Jahr 1835 erbaut worden waren. Am benachbarten Hanover Square steht z.B. das India House von 1837, in dem sich einst die New York Cotton Exchange (Baumwollbörse) befand. Um die Ecke lohnt ein Blick in das alte Polizeirevier von 1884. Das hier befindliche New York City Police Museum gewährt Einblick in Organisation und Aufgabenbereiche der New Yorker Polizei (NYPD).

WASSERTAXIS UND AUSFLUGSBOOTE

Außer den gelben **New York Water Taxis (NYWT)**, die im Fähr- und Shuttleservice im Einsatz sind, gehören das Ausflugsschiff »Zephyr« und das Hochgeschwindigkeitsboot »Shark« von Circle Line Downtown zum Unternehmen. Während der empfehlenswerten Hop-on Hop-off-Touren mit Water Taxis kann man an verschiedenen Stopps (West 44th Street, Battery Park, Pier 17/South Street Seaport, Fulton Ferry Landing) aussteigen oder die Tour gemütlich in rund 90 Minuten an Bord genießen (tägl. 10–18 Uhr, Tagesticket $ 25). Daneben gibt es Bootstouren wie »Statue of Liberty Express«, »Statue by Night« oder »Audubon EcoCruise«. Letztere Tour lohnt sich besonders, da sie zeigt, wie vielseitig die Flora und Fauna auf dem East River und seinen Inseln ist. Neu ist eine Kombination von New York Water Taxi und Bike&Roll, d. h. von Leihfahrrad und Fähre.

WEITERE INFORMATIONEN ZUM SOUTH STREET SEAPORT

Websites der Bootstouren:
www.nywatertaxi.com oder
www.circlelinedowntown.com

Die Insel Manhattan mit ihren Hochhausschluchten steht in malerischem Kontrast zum träge dahinfließenden Hudson River und zu den grünen Wäldern am Hochufer des Flusses in New Jersey.

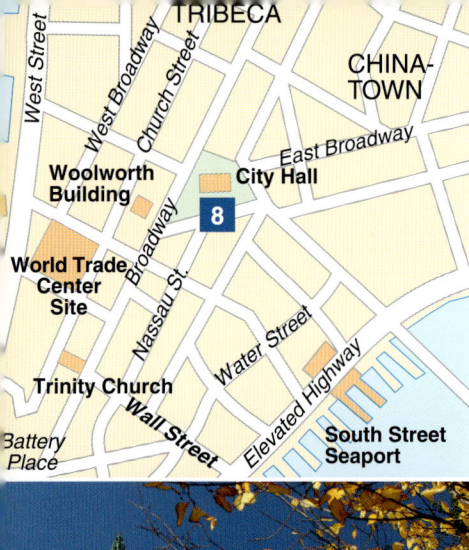

8 | City Hall Park

Von der Viehweide zum Rathaus

Zu Zeiten der Holländer befand sich an der Stelle des heutigen City Hall Park nur eine Wiese, genannt »De Vlackte« – die Viehweide. Als sich die Stadt unter britischer Herrschaft weiter nach Norden ausdehnte, wurde diese zu »The Commons« oder »The Fields«, zur Grünanlage und zum Versammlungsplatz.

Auf der Grünfläche befand sich auch der Schandpfahl, und ab 1760 trafen sich hier die »Sons of Liberty«, die nach Unabhängigkeit strebenden Kolonisten, die auf dem Areal einen »Flagpole of Liberty« aufgestellt hatten. 1776 verlas an ebendiesem Ort General George Washington vor den versammelten Truppen die Unabhängigkeitserklärung. Eine Statue an der Parkecke nahe dem Broadway erinnert an einen 20-jährigen US-Offizier namens Nathan Hale, der bei der Eroberung New Yorks durch die Briten als Spion gefangen und gehängt worden war.

Von De Vlackte zum City Hall Park

Auch nach der Unabhängigkeit befanden sich rings um den Park keine Wohnhäuser, sondern nur ein paar Hütten und ein Gefängnis. Erst zwischen 1803 und 1812, als hier das neue Rathaus erbaut wurde, änderte sich das Bild, und das Gebiet erhielt den Namen City Hall Park. New Yorks Rathaus, entworfen von John McComb jr. und dem französischen Immigranten Joseph Mangin, ist ein

Musterbeispiel für den Georgian Style. Um Geld zu sparen, war ursprünglich nur die Schauseite des Gebäudes mit Marmor verkleidet worden, schließlich stand das Rathaus zur Zeit seiner Errichtung an der Nordgrenze der Stadt. Im Inneren beeindruckt eine große überkuppelte Rotunde mit zehn Säulen. Eine geschwungene Doppeltreppe führt hinauf zu City Council und Governor's Room.

Hinter Park und Rathaus erheben sich einige wichtige Verwaltungsbauten wie das zwischen 1861 und 1872 erbaute Old New York County Court House und nördlich davon der Surrogate's Court, einst das Stadtarchiv. Das Gebäude wurde 1899 bis 1911 in Anlehnung an die Pariser Oper im Beaux-Arts-Stil errichtet. Gegenüber thront das Municipal Building, das 1914 als Sitz der Stadtverwaltung errichtet wurde. Hinter diesen Bauten schließt sich ein Gebäudekomplex an, der mit dem Gerichtswesen zu tun hat: das United States Courthouse – 1933 vom Erbauer des Woolworth Building, Cass Gilbert,

Einst Viehweide, dann Versammlungsplatz, wird der City Hall Park heute von Verwaltungsbauten gerahmt (oben). Der City Hall Park ist eine beliebte Ruheoase vor dem prächtigen Bau des New Yorker Rathauses (rechts unten). Blick von der Brooklyn Bridge auf »New York by Gehry« (rechts oben).

begonnen und von seinen Söhnen vollendet –, das New York County Courthouse, 1926 im Greek-Revival-Stil erbaut, sowie das Criminal Courts Building von 1939.

Woolworth Building

1879 hatte Franklin Winfield Woolworth (1852–1919) die zündende Geschäftsidee, Waren für 10 Cents anzubieten, in die Tat umgesetzt und damit einen neuen Boom im Einzelhandel ausgelöst. 1911 eröffnete er bereits die 100. Filiale, und 1913 tat er einen weiteren wegweisenden Schritt: Er ließ seine Konzernzentrale am City Hall Park bauen, denn hier schlug das Herz der Stadt, und hier erstreckte sich die »Newspaper Row« (Park Row) mit den Redaktionen der wichtigsten New Yorker Tageszeitungen.

Die 13,5 Millionen Dollar teure Zentrale des Konzerns, eine »Kathedrale des Kommerz«, geplant von dem renommierten Architekten Cass Gilbert, wurde am 24. April 1913 im Beisein von Präsident Woodrow Wilson eröffnet. Bis 1930, als das Chrysler Building vollendet wurde, war es mit 242 Metern das höchste Gebäude New Yorks. Dazu handelt es sich um ein ungewöhnliches Gebäude im Art-déco-Stil, das mit kuriosen Fassadendetails wie Fledermäuse, Fratzen oder Fabelwesen, seinem pyramidalen Dach, mit Strebepfeilern, Zinnen und vier Türmen die Blicke anzieht. Auch die Innenausstattung mit Reliefs, Wandbildern, Intarsien und Mosaiken ist prächtig. Seit das Bauwerk Sitz der New York University ist, kann man es nicht mehr besichtigen.

»NEW YORK BY GEHRY«

An der Ostseite der City Hall und am Anfang der Brooklyn Bridge (8 Spruce Street) erhebt sich ein neues architektonisches Wahrzeichen der Stadt. Der weltberühmte kanadische Architekt Frank Gehry plante im Auftrag des New Yorker Immobilienmoguls Bruce Ratner einen allein wegen seiner bewegten Fassade auffälligen 76-stöckigen, 265 Meter hohen Wolkenkratzer. Wegweisend ist dieser insofern, dass Gehry dafür eine spezielle Software einsetzte, die half, Flächen besonders energiesparend zu gestalten und die Lichteinwirkung zu berechnen. Insgesamt wurden in die energiesparende Glas-Stahl-Konstruktion, die Apartments, Gemeinschaftsräume und ein Fitnesszentrum beherbergt, 2400 Fenster eingebaut.

WEITERE INFORMATIONEN ZUM CITY HALL PARK

Infokiosk

Am Südende des City Hall Park befindet sich ein Official NYC Information Kiosk (Mo–Fr 9–18, Sa, So 10–17 Uhr), der vielerlei Broschüren und Stadtpläne bereithält.

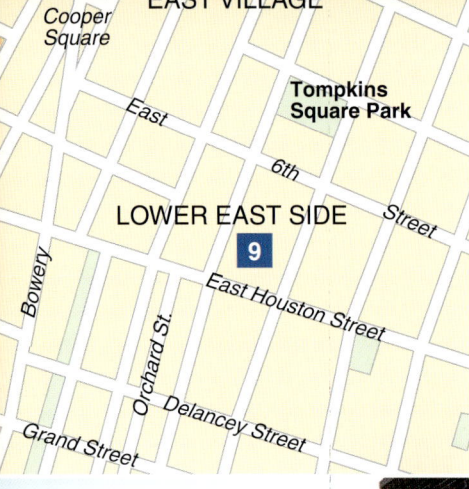

Schicke Boutiquen und trendige Cafés
symbolisieren den Wandel der Lower
East Side vom Arme-Leute- zum In-
Viertel (oben/rechts unten), einst ein
bedeutendes jüdisches Viertel. Läden
wie das Delikatessengeschäft Katz's
erinnern ebenso an jene Tage wie Russ &
Daughters (unten). Im Lower East Side
Tenement Museum (rechts oben).

9 Lower East Side

Stadtteil der Immigranten

Die bekanntesten Viertel der Lower East Side (LES) zwischen Broadway und East River sowie Canal und 14th Street sind Little Italy und Chinatown. Eine Hauptachse der LES ist die Delancey Street, einst Mittelpunkt des jüdischen Viertels, in dem sich um 1900 eine halbe Million jüdischer Zuwanderer, überwiegend aus Osteuropa, drängelten. Nach der Errichtung der Williamsburg Bridge 1903 flohen jedoch diejenigen, die es sich leisten konnten, nach Brooklyn, wo sich noch heute in Williamsburg oder Crown Heights große chassidisch-jüdische Gemeinden befinden.

D ie jüdischen Immigranten haben das Leben New Yorks seither maßgeblich mitbestimmt: Sie kontrollierten den Handel, besonders den gewinnträchtigen Diamantenhandel, ihre jiddische Sprache hat das Vokabular mitgeprägt, und in ihren Delis bekommt man das wohl beste Feinkostsortiment der Stadt. Die Lower East Side ist inzwischen schick und hip geworden, und es hat sich nur noch wenig Jüdisches erhalten. Ausnahmen bilden beispielsweise Läden wie Russ & Daughters, Streit's Matzo Bakery, Yonah Schimmel's oder Katz's. Im Orchard Street Bargain District sind viele der Billigläden, die vorwiegend Textilien und Lederwaren führen, in jüdischem Besitz. Auch die Eldridge Street Synagogue aus dem Jahr 1887 erinnert an die große jüdische Vergangenheit des Viertels.

»Klein Deutschland« und trinkfreudige Iren

»Lebensmittelhändler sind stets Deutsche ... Dicht bei dicht sitzen sie vor vollen Humpen, mampfen Brot und Käse und tun ihren Seelen Gutes an« –, so beschrieb Karl Theodor Griesinger 1858 in seinem Werk *Lebende Bilder aus Amerika* die Lower East Side. Damals waren hier rund eine Million Deutsche zu Hause, weshalb man das Areal um die Bowery auch »Klein Deutschland« nannte.

Heute sind die deutschen Turnvereine, Bierhallen und -gärten ein Stück Vergangenheit, auch der legendäre »Deutsche Wintergarten« ist verschwunden. Nach 1900 zogen die meisten deutschen Immigranten nach Yorkville auf der Upper East Side um. Ein einschneidendes Ereignis trug seinen Teil zum

Niedergang des Viertels bei: Während eines Ausflugs der hiesigen deutschen Kirchengemeinde im Jahr 1904 fing der Dampfer Feuer und sank. Bei diesem Unglück kamen über 1000 Deutschstämmige ums Leben.

Westlich der Bowery, im gleichnamigen Viertel, siedelte sich eine weitere Bevölkerungsgruppe an, die von den puritanischen New Yorkern ebenfalls wegen ihrer Lebensfreude und Trinklust argwöhnisch beäugt wurde: Iren. Die Gegend hatte in den 1860er-Jahren wegen der katastrophalen Wohnverhältnisse und der kriminellen Banden, die hier ihr Unwesen trieben, einen üblen Ruf. Die Bowery hingegen galt als irisch-deutsches Vergnügungsviertel mit Bier- und Tanzhallen, Schießbuden, Lotterieständen und der »Säufermeile« Skid Row.

Zeitgenössische Kunst

Jüngstes Zeichen des Wandels der LES zum In-Viertel ist das New Museum (235 Bowery), das im Begriff ist, sich als eines der führenden Museen für zeitgenössische Kunst zu etablieren. Der fensterlose, kubische weiße Bau des japanischen Architekturbüros Sejima/Nishizawa (SANAA), der einem wankenden Kartonstapel gleicht, fällt in dem Umfeld der alten, teils noch unrenovierten Backsteinbauten auf. Wenngleich die Innenarchitektur weniger spektakulär und eher unauffällig ist, lohnen die wechselnden Ausstellungen ebenso wie der Blick von der Dachterrasse (nur an Wochenenden geöffnet). Ein Café und ein Laden gehören dazu, außerdem gibt es eine Bibliothek und ein abwechslungsreiches Veranstaltungsprogramm mit Performances, Lesungen, Filmen u.a.

LEBEN IN MIETSKASERNEN

Unter welch schlimmen hygienischen Zuständen und in welch bedrückender Enge die Menschen einst in den Mietskasernen dieses Stadtteils lebten, erzählt eindrucksvoll das Lower East Side Tenement Museum. Bei Führungen besucht man verschiedene Wohnungen, die eindrucksvoll Zeugnis von der Geschichte der Einwanderer – deutschen und osteuropäischen Juden sowie Iren und Italienern – und von deren Lebensbedingungen in New York zu Ende des 19. Jahrhunderts ablegen.

Lower East Side Tenement Museum, 108 Orchard Street, www.tenement.org, Besucherzentrum mit Shop und Einführungsfilm sowie Tourangebot.

WEITERE INFORMATIONEN ZUR LOWER EAST SIDE

www.lowereastsideny.com

Die **Historic Orchard Street Walking Tour** (www.lowereastsideny.com) durch die Lower East Side findet kostenlos und ohne Anmeldung von April–September sonntags um 11 Uhr statt. Start ist bei Katz's Delicatessen (Ecke E. Houston/Ludlow Street).

10 Chinatown und Little Italy

Prall gefüllt mit Leben

Chinesische Kramerläden, italienische Pizzerien, ausgeflippte Boutiquen, Delis mit Bioprodukten, trendige Lokale, billige Studententreffs – in dem nur relativ kleinen Bereich nördlich der Canal bis etwa zur 30th Street drängeln sich die unterschiedlichsten Welten auf engstem Raum. Große Sehenswürdigkeiten und Wolkenkratzer sucht man hier vergeblich, die eigentliche Attraktion sind die bunten, vielseitigen Viertel und ihre Bewohner.

Ein buntes Warenangebot finden Einheimische wie Besucher in den Geschäften von Chinatown (oben). Gemütliche Cafés haben sich in Little Italy erhalten (unten). Mitten in Manhattan wirkt Chinatown mit seinen Läden und Schriftzeichen bei Tag wie bei Nacht wie eine andere Welt (rechts).

New Yorks Chinatown, dessen Zentrum sich zwischen Canal Street, Broadway und Bowery, mit Mott und Grand Street als Lebensadern, ausbreitet, hat mit den aufgeputzten Chinatowns vieler anderer Städte nichts zu tun – hier geht es nämlich »authentisch« zu. Es dominieren die chinesische Sprache und Schrift, chinesische Lebensmittel und Spezialitäten – gebratene Enten, Dim-Sum und Ginseng – statt Touristenkitsch und Chinabuffets. Der ideale Ausgangspunkt für einen Bummel durch Chinatown ist die geschäftige Subway-Station Canal/Lafayette Street. Hier kann man einen Blick auf die ehemalige Engine Company No. 31 (87 Lafayette Street), ein Feuerwehrhaus, das 1895 im Stil eines französischen Schlosses erbaut wurde, werfen, ehe es über die Centre zur Baxter Street geht. An deren südlichen Ende befindet sich der Columbus Park, Treffpunkt der chinesischen New Yorker.

Wer morgens im Columbus Park steht, glaubt sich nach China versetzt: Das liegt nicht nur an den asiatischen Düften, die durch die Straßen und über den Park ziehen, sondern auch an den drahtig wirkenden Chinesen und Chinesinnen, die sich nach einer geheimnisvollen Choreografie im Qigong üben. Nachmittags hängen die alten Männer ihre Holzkäfige mit Nachtigallen in die Bäume, es wird gespielt und diskutiert, Yoga praktiziert und musiziert.

Banden und Philosophen

Im 19. Jahrhundert gehörte das Areal um den Columbus Park noch zum »Mulberry Bend«, einem verrufenen Rotlichtviertel und Teil des Five-Points-Slums – es wurde 1882 abgerissen. Am »Bloody Angle«, der Ecke von Doyers und Pell Street, spielten sich einst erbitterte Bandenkämpfe ab. Diese sind zwar Vergangenheit, doch noch heute haben einzelne Clans, »Tongs«, Handelsgesell-

New Yorks Chinatown bietet von Souvenirs bis zu ungewöhnlichen Leckereien viel Exotik (oben und Mitte). La Mela Ristorante in der Mulburry Street von Little Italy (unten). Im Ristorante Puglia ist man stolz darauf, die Pizza nach Amerika gebracht zu haben (rechts unten). Pizza in Little Italy – ein Stopp der Enthusiastic-Gourmet-Touren (rechts oben).

schaften und Verbrechersyndikate in einem, das Sagen. Alles ist fest in asiatischer Hand, von den Restaurants über die Glückskeks-Bäckereien bis hin zu den Läden und kleinen Textilfabriken, deren Arbeitsbedingungen noch heute jede Gewerkschaft nervös machen würden. Die Confucius Plaza mit der Statue des chinesischen Philosophen Liu Shih sowie der benachbarte Columbus Square bilden das Zentrum von Chinatown. Von der Confucius Plaza geht die Mott Street ab – sie stellt die Lebensader des chinesischen Viertels dar. Auf den Gehwegen herrscht ameisenhaftes Gewimmel, an Ständen und von fliegenden Händlern werden Waren angepriesen, ebenso vor und in asiatischen Läden, und dazwischen schieben sich Garküchen, Bäckereien, Lokale und Tempel wie der Eastern States Buddhist Temple (64b Mott Street). Von außen ist er eher unscheinbar, doch den Innenraum lassen über 100 Goldbuddhas erstrahlen.

Einblick in eine fremde Welt

Jährliches Highlight des chinesischen New York ist die zehntägige Chinese New Years Celebration mit Umzug, Feuerwerk und anderen Veranstaltungen am ersten Vollmond nach dem 19. Januar. Darüber und über andere Traditionen sowie die Geschichte der chinesischen US-Bürger informiert das Museum of Chinese in the Americas (215 Centre Street), das sich seit 2009 in einem schmalen alten, von Maya Lin (die auch das Vietnam Memorial in Washington, D.C., geschaffen hat) umgestalteten Gebäude befindet. Heraus kam ein wegweisendes »Green Building«, umweltfreundlich und energiesparend, in dem rings um einen Innenhof die Ausstellungssäle angeordnet sind.

Die Hauptausstellung befasst sich mit 160 Jahren chinesisch-amerikanischer Geschichte, der Kunst und Kultur der in Nordamerika lebenden Chinesen. Zu sehen sind mehr als 60 000 Briefe und

Dokumente, Tonaufnahmen, Kleidung und Textilien, Fotos und andere Artefakte. Wechselausstellungen drehen sich vor allem um aktuelle Themen der chinesischen Kunst und Kultur. *The Journey Wall* stellt Familien vor, die in der chinesisch-amerikanischen Diaspora leben, außerdem sind verschiedene Privat- und Spezialsammlungen zu bewundern, z.B. über 100 Origami-Figuren, Theaterrelikte des Cantonese Opera Clubs und chinesische Kleidung. Daneben fungiert das Museum als Kulturinstitution der chinesischen Gemeinde New Yorks. Neben Sommerprogrammen und Lesungen finden hier auch das »Asian American ComiCon« (für Comics) und das Internationale Asiatisch-Amerikanische Filmfest statt.

Besuch in Little Italy

Die Grand Street, die von chinesischen Läden, Bäckereien und Imbisslokalen geprägt ist, geht kaum merklich in Little Italy über. Inmitten »Klein-Asiens« droht die italienische Enklave fast zu verschwinden. Hier hatten sich ab dem späten 19. Jahrhundert rund 40 000 Immigranten, vor allem aus Süditalien, angesiedelt und ein florierendes Viertel entstehen lassen.

Während der »Festa di San Gennaro« am 19. September wird zwar immer noch mit einer bunten Feierlichkeit an das italienische Erbe erinnert, doch vom Viertel selbst ist nur mehr ein kleiner Kern an der Mulberry Street zwischen Grand und Central (Canal–Broome Street) geblieben. Zum Glück gibt es aber noch Relikte wie DiPalo, Alleva Dairy – die älteste italienische Käserei der USA –, Ferrara's Bakery & Café sowie Piemonte Ravioli oder Sambuca. Die meisten Italienischstämmigen sind mittlerweile in die Vororte gezogen und leben jetzt in italienischen Neighborhoods in der Bronx (Arthur Avenue) oder in Brooklyn (Bensonhurst).

KULINARISCHE EINBLICKE

Susan Rosenbaum, Gründerin von **Enthusiastic Gourmet** bietet interessante kulinarische Walking Touren durch Chinatown (»Chinatown discovered«) und Little Italy (»Melting Pot Tour«) an. Während der rund dreistündigen Spaziergänge geht es zu verschiedenen typischen Einrichtungen, Läden, Lokalen und anderen Attraktionen. Es gibt Hintergrundinformationen zu den Vierteln, und in Läden und Lokalen werden italienische und chinesische Leckereien verkostet: in Aji Ichiban (37 Mott Street) asiatische Snacks aller Art, in der Chinatown Icecream Factory (65 Bayard Street) ungewöhnliche Eissorten, im Tasty Dumpling (54 Mulberry Street) chinesische Teigtaschen, im New Beef King (89 Bayard Street) *beef jerky* (getrocknete Fleischstreifen), bei DiPalo Schinken oder Salami und in der Ferrara Bakery die wohl besten Cannoli der Stadt.

WEITERE INFORMATIONEN ZU CHINATOWN UND LITTLE ITALY

Enthusiastic Gourmet: Tel. 646-209-4724, www.enthusiasticgourmet.com

11 SoHo und TriBeCa

Zentrum der New Yorker Avantgarde

SoHo und TriBeCa westlich von Broadway bzw. Lower East Side stellen ein völlig anderes Stück New York dar. Besonders SoHo – die Abkürzung steht für South of Houston wegen der Lage zwischen Houston und Canal Street – ist gleichsam ein Synonym für die künstlerische Avantgarde. TriBeCa – Triangle Below Canal – ist das Areal südlich der Canal bis zur Chambers Street. Als neuestes Viertel hat sich im Osten des Broadway Nolita (North of Little Italy) herausgebildet.

Kleine, ungewöhnliche Läden und Lokale laden in den Straßen von SoHo und TriBeCa zum Bummel ein (oben). SoHos Markenzeichen sind die Cast Iron Buildings, als Lager- und Fabrikgebäude erbaut mit einem Skelett aus Eisenträgern und heute beliebt als Lofts (rechts unten). Delikatessen bei Dean & DeLuca (rechts oben).

SoHos Markenzeichen ist seine besondere Architektur: In der zweiten Hälfte des 19. Jahrhunderts waren hier Lagerhäuser und Fabrikbauten, vor allem Textilfabriken, riesige Nähstuben und *sweat shops* (Ausbeuterbetriebe), entstanden. Für diese Zweckbauten eignete sich die um 1850 entwickelte Eisenbauweise besonders gut, und so kamen die bis heute prägenden Cast Iron Buildings auf. Sie bestehen aus einem Skelett aus Eisenträgern, zwischen die vorgefertigte dünne Fassadenteile aus Gusseisen – in verschiedenen Formen und mit unterschiedlichen Dekors – eingeschoben sind.

Als man in den 1960er-Jahren die ausgedienten Zweckbauten abreißen wollte, regte sich heftiger Widerstand, und das hässliche Fabrikareal avancierte nach und nach zum Vorzeigeviertel. Das Loft als neue Form des Wohnens ohne Raumgrenzen wurde hier geboren. Insgesamt sind in New York rund 250 Cast-Iron-Bauten erhalten, die meisten davon stehen in SoHo. Besonders viele aus den Jahren zwischen 1869 und 1895 sind entlang der Hauptachse Greene Street zwischen Broome und Spring zu sehen.

Der heute denkmalgeschützte »Cast Iron District« gilt als Viertel der Künstler und Aussteiger. Ateliers und Werkstätten, Avantgarde- und Designer-Shops, Kunstgalerien, Boutiquen und Cafés nehmen die unteren Stockwerke der renovierten Lagerhäuser ein, geräumige Lofts bieten Wohnraum in den oberen Etagen. Vor allem im Gebiet zwischen Grand und Houston Street, Broadway und West Broadway boomt die alternative Szene. Am West Broadway, der ansonsten ruhigen Lebensader mit exklusiven Läden, Boutiquen und Cafés, haben sich die bedeutendsten Kunstgalerien der Stadt, wie jene von Leo Castelli, dem legendären Entdecker von Jasper Johns und Roy Lichtenstein, angesiedelt.

Am Broadway erheben sich aber auch sehenswerte alte Skyscraper wie das New Era Building (Nr. 495) mit seinem prägnanten Dach und dem auffälligen Schriftzug und das Haughwout Building, in dem 1857 der erste dampfbetriebene Fahrstuhl seinen Dienst aufgenommen hatte. Das Singer Building (Nr. 561–563) war 1904 von Ernest Flagg als Büro- und Lagerhaus der gleichnamigen Nähmaschinenfabrik gebaut worden. Der Namenszug »Singer« befindet sich noch über dem Eingang an der Prince Street.

Industrieviertel TriBeCa

Seit SoHo für viele Aussteiger, Künstler und Bohemiens zu teuer geworden ist, erfreut sich das südwestlich anschließende TriBeCa zunehmender Beliebtheit. Mit seinen hohen Backsteinhäusern und Lagerhallen *(warehouses)* gleicht dieser Stadtteil noch stärker dem Industrieviertel von einst. Allerdings sind auch hier inzwischen in die alten Zweckbauten Restaurants und Läden, Kunstgalerien und Bars eingezogen.

Die White Street ist neben der Franklin Street (zwischen Greenwich und Hudson) und dem West Broadway die Hauptachse von TriBeCa. Einen guten architektonischen Überblick erhält man in der nahen Harrison Street, wo acht Stadthäuser im Federal Style um die Wende vom 18. zum 19. Jahrhundert zu Lagerhäusern und in den 1970er-Jahren zu Wohnblocks umgebaut wurden. Das Gebäude Nr. 56 Leonard Street von dem Schweizer Architekturbüro Herzog & de Meuron kennzeichnen verglaste »Wohnscheiben«, die untereinander verschoben scheinbar willkürlich aufeinandergetürmt wurden.

Das »Village« war und ist Sammelpunkt der Boheme und der Avantgarde, der Künstler und Aussteiger, und hier gehen stets auch bedeutende Musiker ein und aus (oben). Das Herz des Village ist bis heute der legendäre Washington Square mit dem dominanten Washington Arch, der an den ersten US-Präsidenten erinnert (rechts).

12 Das »Village«

Die Heimat der Boheme

»Greenwich Village ist wie Schwabing plus Montmartre im Quadrat«, meinte einmal der deutsche Schriftsteller und Immigrant Hermann Kesten. Das berühmte »Village« liegt im Zentrum von Downtown New York. Anfang des 19. Jahrhunderts war das vormals verschlafene Dorf von der wuchernden Metropole geschluckt worden, im 20. Jahrhundert hatte es sich zu einem Sammelpunkt der Boheme und der Avantgarde, der Künstler und Aussteiger, der Studenten und Homosexuellen entwickelt.

Greenwich Village breitet sich westlich des Broadway zwischen Houston und 14th Street bis zum Hudson River hin aus. Als »West Village« wird der Streifen im Westen der 6th Avenue bezeichnet. Die Hauptachsen von Greenwich Village heißen Bleecker und Christopher Street, die größten Attraktionen gruppieren sich um den Washington Square bzw. für das West Village um den Sheridan Square. East Village heißt der Abschnitt östlich des Broadway Richtung East River. Dieses Areal ist mehr noch als das Greenwich Village Treffpunkt der Musiker, Künstler und Bohemiens und hat sich zudem zu einem der Top-Nightspots der Stadt gemausert.

Washington Square, Herz des Village

Die einzelnen Institutsgebäude der 1831 gegründeten New York University rah-men den geschichtsträchtigen Washington Square ein. Das Wahrzeichen der Platzanlage ist der Washington Arch von 1893, ein mächtiger Bogen im Stil römischer Triumphbögen. Hier versammelte 1776 General George Washington seine Truppen, einst befand sich auf dem Gelände ein Friedhof, dann eine Duellier- und Hinrichtungsstätte und schließlich ein Amüsierplatz der Boheme, auf dem im Jahr 1916 Marcel Duchamp und John Sloan die »Freie und Unabhängige Republik Washington Square« ausriefen.

Studenten, Künstler und Literaten siedelten und siedeln sich gern rings um den Washington Square herum an, der heute zudem beliebter Treffpunkt und Erholungsort für die eher gut situierten Anwohner sowie für Studenten und Straßenkünstler ist. Was geblieben ist, ist eine bunte, etwas »schräg« anmutende Atmosphäre.

Grund für eine Party findet sich im Village immer, ebenso zahlreiche originelle und schrille Lokale und gemütliche Bars (oben und rechts). 1893 hatte Stanford White den Washington Arch als Wahrzeichen für den gleichnamigen Platz entworfen (rechs unten). Nightlife im Village (Mayahuel Bar, rechts oben).

Legendäre Christopher Street

Die Christopher Street ist eine der Hauptachsen des unter Denkmalschutz stehenden Greenwich Village Historic District, Hochburg der Homosexuellen und dicht besetzt mit Shops und Bars, Nachtklubs wie z.B. »Duplex«, dem 1955 eröffneten Lucille Lortel Theatre, dem historischen »Stonewall Inn« oder »The Kettle of Fish«. Letzteres war als »Lion's Head« beliebter Treff von Schriftstellern, unter anderem von Tennessee Williams, Dylan Thomas und Norman Mailer. Der Jazzklub »Village Vanguard« ist ein weiterer Klassiker des Village – er wird auch als »Carnegie Hall des Jazz« bezeichnet.

Weltberühmt wurde das Viertel wegen der »Christopher Street Day Parade«. Mit diesem im Juni stattfindenden bunten Umzug feiert sich inzwischen beileibe nicht mehr ausschließlich die schwule Szene New Yorks, doch ihr ist es zu verdanken, dass sich in den späten 1960er-Jahren der Mief der konservativen Umwelt lüftete. In die Schlagzeilen

gerieten die »Stonewall Riots« 1969, als man kurzerhand die Polizei, die die Schließung des Lokals plante, im »Stonewall Inn«, einer Homosexuellen-Bar, einsperrte.

Beschauliches Viertel

Der Sheridan Square ist ein weiterer Knotenpunkt. Die Kreuzung von sieben Straßen ist nach General Philip Sheridan, der eine Statue erhielt, benannt. Es gibt aber auch ruhige und beschauliche Ecken im Village. Im Gebiet um Bleecker und Bedford Street fällt neben Läden, Cafés und Lokalen viel historische Bausubstanz auf, hübsche Reihenhäuser wie das Isaacs-Hendricks House (77 Bedford Street) von 1799 oder das nur 2,90 Meter breite und damit schmalste Haus der Stadt von 1893 (75 1/2 Bedford Street). Eindrucksvoller ist »Twin Peaks« (102 Bedford Street) von 1830 im ungewöhnlichen englischen Tudor-Stil. Architektonisch sehenswert ist auch das Wohnviertel um die Grove Street (Ecke Bleeker Street) mit dem Grove Court,

einer Reihe von sechs Stadthäusern aus der Mitte des 19. Jahrhunderts.

Revival im Osten

Ins East Village geht man nicht zum Sightseeing, sondern um sich treiben zu lassen, um kuriose Läden, avantgardistische Theater, Straßencafés und Überbleibsel der Hippieszene in dem Areal zwischen der 6th und 7th Street und 2nd und 3rd Avenue zu erkunden. Seit den späten 1980er-Jahren hat sich das East Village zum Treffpunkt von Musikern, Künstlern und Punks entwickelt. Im Süden des East Village, nahe Houston und Ludlow Street, ist in letzter Zeit eine neue Avantgarde-Meile mit Off- und Off-off-Broadway-Bühnen, Cafés und Kneipen entstanden. Eines der Theater war das Theatre 80 (80 St. Mark's Place), in das ein kleines, aber in seiner Art einzigartiges Museum, das Museum of the American Gangster, eingezogen ist. Es zeigt im Obergeschoss

eine Ausstellung und einen Film zu berühmten Verbrechern und zur Prohibition und ihren Folgen. Im Untergeschoss befindet sich ein Theater mit »Speakeasy«, einer versteckten Bar, wie sie zu Zeiten der Prohibition üblich war. Im Zentrum des St. Mark's Historic District mit dem St. Mark's Place steht die Kirche St. Mark's-in-the-Bowery (131 East 10th Street) von 1799, die zweitälteste der Stadt. Auf dem zugehörigen Friedhof liegt neben anderen prominenten New Yorkern auch der erste Gouverneur Neu-Amsterdams, Peter Stuyvesant, begraben. Außerdem befinden sich hier die Cooper Union (41 Cooper Square), seit 1859 kostenlose Ausbildungsstätte und Veranstaltungsort, und die 1833 erbaute Lafayette Colonnade Row, eine kuriose Reihe von Stadthäusern mit gemeinsamer Monumentalfassade in Gestalt eines griechischen Tempels. Hier wohnten Berühmtheiten wie Washington Irving und Charles Dickens.

NIGHTLIFE UND HIGH-SOCIETY-KIRCHE

Ein idealer Ort, um in New Yorks Nachtleben einzutauchen, ist das East Village. Hier drängeln sich Bars und Klubs auf engstem Raum, etliche davon an der bzw. um die 6th Street, wie **Death & Co** (Nr. 433), **Mayahuel** (Nr. 304) oder **Crif Dogs Bar** (113 St. Marks Place). Lohnend ist auch der ehemalige Rockklub **Continental** (25 3rd Avenue) im Retro-Look.

Die **Grace Church** (802 Broadway) wurde zwischen 1843 und 1846 unter Aufsicht des späteren Baumeisters der St. Patrick's Cathedral, des damals erst 23-jährigen James Renwick (1818–1895), im neogotischen Stil errichtet; sie gilt als eines seiner Meisterwerke. Lange Zeit war die Grace Church als die Kirche der High Society bekannt. Berühmt ist auch ihr 1894 gegründete Kirchenchor, dessen Konzerte sehr beliebt sind (http://music.gracechurchnyc.org).

WEITERE INFORMATIONEN ZUM »VILLAGE«

www.villagealliance.org
http://eastvillagevisitorcenter.com

13 Union Square

Kundgebungen und Kunst

Ein Reiterstandbild George Washingtons und ein Pavillon – zugleich der Zugang zur U-Bahn – markieren den Union Square, der 1839 eingeweiht wurde und sich schnell zum beliebten Treffpunkt und Demonstrationsort der New Yorker entwickelte. Berühmt wurde der Platz aber auch wegen der Künstlerateliers ringsum, darunter das erste Studio des Pop-Art-Künstlers Andy Warhol, genannt »Factory«, an der Nordwestecke (33 Union Square West).

Zu jeder Jahreszeit ist der Union Square ein beliebter Treff der New Yorker (oben und rechts unten), berühmt ist der Platz aber vor allem wegen des Wochenmarktes (unten). Ein Muss für Bücherfreunde ist der 1927 gegründete Buchladen Strand Books (rechts oben).

Das Gebiet kam in den 1970er- und 1980er-Jahren mehr und mehr als Drogenumschlagplatz in Verruf, doch in den 1990ern setzten erste Sanierungsmaßnahmen ein, die die Eröffnung neuer Läden und Lokale und die Einrichtung eines Farmers' Market nach sich zogen. 2008/2009 wurde erneut saniert und modernisiert, und heute ist der begrünte Platz wieder beliebter Treffpunkt von Bewohnern und Besuchern. Das Bronze-Reiterstandbild des Generals und ersten US-Präsidenten George Washington wurde von Henry Kirke Brown geschaffen und 1856 enthüllt. Dies ist nicht das einzige Kunstwerk im Park. Auch General de Lafayette (von Frédéric-Auguste Bartholdi, 1876) und Abraham Lincoln (ebenfalls von Brown, 1870) wurden hier verewigt, und im Zentrum steht der 1881 gefertigte James Fountain. An der Südwestecke erinnert in einem Grünstreifen eine Statue von 1986 an Mahatma Gandhi.

Beliebter Wochenmarkt

Seit 1976 findet am Union Square ein »Greenmarket«, ein Wochenmarkt statt, auf dem Farmer der Region das ganze Jahr über montags, mittwochs, freitags und samstags zwischen 8 und 18 Uhr ihr Obst und Gemüse sowie andere Produkte anbieten. Dies ist der bestsortierte Freiluftmarkt in der Stadt, und sogar Küchenchefs der zahlreichen umliegenden Restaurants kaufen hier ein. In der Vorweihnachtszeit ist dies der Schauplatz des Union Square Holiday Market. An Ständen werden dann ungewöhnliches Kunsthandwerk und Kunst, Kuriositäten und Traditionelles in breiter Auswahl angeboten.

Der Park liegt am Schnittpunkt von Village, Chelsea und Gramercy. Zwischen 14th und 34th Street erstreckt sich ein Übergangsbereich, dessen spezifische Infrastruktur in erster Linie auf die Entstehung dieser Region zurückzuführen ist: Nördlich der 14th Street wurde

die Stadtplanung nach 1811 gemäß einem strengen Rasterprinzip betrieben. Lediglich der Broadway, der unterschiedlichste New Yorker Viertel durchschneidet, durchbricht die Regel. Die 14th Street an der südlichen Schmalseite des Parks trennt Greenwich Village von Chelsea, dem Wohnviertel der weißen Mittelschicht, sowie das East Village vom noblen Gramercy. Die berühmte 5th Avenue wiederum bildet die Grenze zwischen Gramercy im Osten und Chelsea im Westen des Parks.

Zwischen Gramercy und Chelsea

Gramercy war zu Beginn des 19. Jahrhunderts ein städteplanerisch wegweisendes Viertel mit vier Plätzen und den repräsentativen Residenzen prominenter Bürger. Um den 1840 angelegten Gramercy Park, den einzigen Privatpark Manhattans, dessen Nutzung den Anwohnern sowie den Gästen des feinen Gramercy Hotels vorbehalten ist, reihen sich architektonisch interessante Bauten auf, darunter zahlreiche alt-ehrwürdige Klubs und das (zu besichtigende) Geburtshaus des 26. US-Präsidenten Theodore Roosevelt (28 East 20th Street).

Chelsea im Westen war wie Gramercy um 1750 noch Farmland, dann entstand ein Mittelklasse-Wohnviertel und in Flussnähe ein Lagerhausbezirk – heute der beliebte Meatpacking District. Berühmt geworden sind das Chelsea Hotel (222 West 23rd Street) als Treff und Domizil bekannter Literaten und Musiker – das Gegenstück zum Hotel 17 (225 East 17th Street) in Gramercy.

14 | Flatiron Building

New Yorks berühmtestes »Bügeleisen«

Das Flatiron Building ist eines der Wahrzeichen New Yorks. Als das »Bügeleisen« – so genannt wegen des Grundrisses – nach Plänen des Chicagoer Architekten David Burnham 1902 eröffnet wurde, galt es mit seinen 87 Metern als eines der höchsten Gebäude New Yorks und zugleich als ziemlich »verrücktes« Gebäude, als »Burnham's Folly«. Dabei waren in anderen Städten schon vorher ganz ähnliche Bauten entstanden: das Gooderham Building im kanadischen Toronto (1882) oder das English-American Building in Atlanta/Georgia (1897).

Seit 2009 das Areal um das Flatiron Building im Zuge einer »Verkehrsberuhigungs-Maßnahme« als Fußgängerzone ausgewiesen wurde, kann man mitten auf dem Broadway, umgeben von Blumentöpfen, bequem sitzen und ganz in Ruhe das Hochhaus betrachten, das schon in mehreren Spielfilmen als Kulisse diente. In den drei »Spider Man«-Filmen fungierte das Flatiron Building als Redaktionssitz der Tageszeitung *Daily Bugle* – eine Art Reminiszenz daran, dass sich in dem Gebäude tatsächlich viele Jahre lang der Sitz des Springer-Verlags befand. In »Die unendliche Geschichte« spielte das Flatiron Building die Rolle der Bibliothek, in der das Buch entdeckt wurde, das dem Spielfilm den Namen gab. Und in Roland Emmerichs Kinohit »Godzilla« aus dem Jahr 1998 wird der Riesenechse vor dem Flatiron Building die erste Falle gestellt.

Bummel auf der Ladies' Mile

Das aerodynamische Gebäude steht an der Südwestecke des Madison Square Park, an der spitzwinkligen Kreuzung von 5th Avenue und Broadway, zwischen 22nd und 23rd Street. Die 5th Avenue wird von hier bis zur 14th Street und dem Union Square wegen der zahlreichen feinen Läden und Boutiquen auch »Ladies' Mile« genannt, das Viertel ringsum ist der »Flatiron District«. Nach Jahren des Verfalls wurde das Gebiet neu belebt und spiegelt heute die alten Glanzzeiten zu Anfang des 20. Jahrhunderts wider.

Jeder kennt zwar die Fifth Avenue als Top-Einkaufsmeile New Yorks, doch die meisten denken dabei hauptsächlich an den Abschnitt in Midtown zwischen Rockefeller Center und Central Park. Dabei flanierten schon im 19. Jahrhundert die Damen der feinen Gesellschaft auf der Fifth Avenue im Flatiron

Der Madison Square Park, an dem das berühmte New Yorker Wahrzeichen, das Flatiron Building, steht, war einst ein mondäner Platz und erlebt heute als Teil einer neu angelegten Fußgängerzone ein Revival (oben und rechts unten). Essen wie in Italien bietet der 2010 eröffnete italienische Feinkostmarkt Eataly (rechts oben).

District und auf dem Broadway, zwischen 14th Street/Union Square und Madison Square Park.

Mondäner Platz

Der Madison Square Park, an dem das Flatiron Building steht, war einst dank der »Ladies' Mile« ein mondäner Ort und zugleich ein exklusives Vergnügungsviertel mit exquisiten Läden, einem Hotel, dem Madison Square Theater und einer Sporthalle, dem alten Madison Square Garden. 1884 stellte man hier den Arm der Freiheitsstatue aus, um den New Yorkern schon einmal eine Vorstellung von der Monumentalität der Figur zu vermitteln. Bis 1847 befand sich die Grünanlage, die nach James Madison (1751–1836), dem 4. US-Präsidenten, benannt wurde, in Privatbesitz reicher New Yorker Familien, dann wurde sie öffentlich zugänglich gemacht.

Ringsum symbolisieren einige herrschaftliche Bauwerke noch immer die vormalige repräsentative Bedeutung des Platzes, beispielsweise der Sitz der Metropolitan Life Insurance Company (1 Madison Avenue) von 1909 mit seinem nachts beleuchteten Uhrturm oder der Wolkenkratzer der New York Life Insurance Company (45–55 Madison Avenue), der 1928 nach Plänen von Cass Gilbert, dem Architekten des Woolworth Buildings, errichtet wurde.
Die Ecke von 26th Street und Madison Avenue war zwischen 1879 und 1889 Standort des ersten Madison Square Garden, der nach den Plänen von Stanford White erbaut worden war. Hier wurden damals Musicals und Shows, aber auch Zirkusvorführungen, Boxkämpfe und andere Sportwettbewerbe veranstaltet. Der moderne Madison Square Garden befindet sich inzwischen weiter nördlich.

ESSEN WIE IN ITALIEN

2010 wurde mit **Eataly** ein italienischer Feinkostmarkt mit Restaurants direkt am Madison Square Park eröffnet. Vom Fisch- und Käseladen über den Metzger, den Gemüsehändler bis hin zu Weinladen und Espressobar, einer Kochschule und Haushaltswaren fehlt nichts. Die Warteschlangen vor dem Lokal Il Pesce sind lang (keine Reservierungen!), leichter ist es, in Le Verdure oder bei La Pizza & Pasta einen Tisch zu erhaschen. An der La Piazza-Bar kann man sich allerdings mit einem Glas Wein und Antipasti das Warten angenehm verkürzen.
Dean & DeLuca war der erste italienische Feinkostladen, der 1988 in Manhattan (Broadway/Prince Street, SoHo) eröffnete, nun folgte mit Eataly eine Filiale der 2003 in Turin gegründeten Feinkostkette. Involviert in dieses »Klein-Italien« ist der TV-Starkoch Mario Batali zusammen mit seinem Kochkollegen Joe Bastianich und dessen Mutter Lidia.

WEITERE INFORMATIONEN ZUM FLATIRON BUILDING

Eataly: 200 5th Avenue, http://eatalyny.com
Dean & DeLuca: 560 Broadway, www.deandeluca.com

15 High Line Park

Park im Schlachthofviertel

Einst standen hier Schlachthäuser und Lagerhallen, dazwischen trieben sich allerhand dubiose Gestalten herum. Heute locken schicke Boutiquen, Galerien und Cafés Yuppies und andere betuchte New Yorker und Besucher an. An alte Zeiten erinnern im Meatpacking District zwischen West Chelsea und Greenwich Village (12th–14th Street), Hudson Street und Hudson River nur noch einige umgenutzte Fleischlagerhallen und Kühlhäuser sowie ein paar aktive Schlachtereien.

Auf einer aufgelassenen Eisenbahn-Hochtrasse entstand der ungewöhnlichste Park New Yorks: der High Line Park. Wege, Bänke und Liegen sowie eine gelungene Bepflanzung bieten Ruhe und Erholung (oben u. rechts unten). Shopping im Chelsea Market (rechts oben).

Seit Immobilienmakler vor einigen Jahren das ehemalige »Bermuda Triangle« entdeckt haben, setzte ein Revitalisierungsprozess ein, und das Areal entwickelte sich zu einem der neuen In-Viertel Manhattans. Die Hauptachse des Meatpacking Districts ist die Gansevoort Street mit dem schicken Gansevoort (Boutique-)Hotel.

»Going Green« auf der Hochbahntrasse

Hauptschlagader des Areals ist der hier beginnende High Line Park, ein ungewöhnlicher Park auf einer Eisenbahn-Hochtrasse. 2009 wurde Teil eins der 1929 bis 1934 erbauten High Line als neues grünes Erholungsidyll eröffnet. Die Eisenbahntrasse war von 1929 bis 1934 zwischen 10th und 11th Avenue als Hochviadukt in Stahl konstruiert worden und durchschneidet in neun Metern Höhe auf rund zweieinhalb Kilometern Länge das Viertel zwischen der 34th Street (Javits Convention Center), wo die Hudson Yards an den alten Güterbahnhof erinnern, und der Gansevoort Street im Meatpacking District. Die Strecke wurde bis 1980 von Güterzügen frequentiert, dann stillgelegt. Sie war bis 1999 dem Verfall preisgegeben, doch dann rief eine Privatinitiative, die »Friends of the High Line«, das »High Line Project« ins Leben, um die alte Hochbahnlinie als öffentliche Grünfläche wiederzubeleben. Entstanden ist eine Promenade mit kleinen Platzanlagen, diversen Kunstinstallationen, Veranstaltungsflächen, Sonnendecks und Bänken sowie einer authentischen Begrünung. Für die Bepflanzung mit ursprünglichen Stauden und Gräsern ist das New York City Department of Parks & Recreation zuständig.

Promenieren in luftiger Höhe

Seit Juni 2009 ist der südliche Teil des dreiphasigen Projekts, von der Ganse-

voort bis zur West 20th Street, zugänglich, im Sommer 2011 eröffnete der Abschnitt bis zur 30th Street (Garment District). Abschnitt 3, der Streifen bis hinauf zur 34th Street, ist in Planung. Der High Line Park wird damit in unmittelbarer Nachbarschaft zum Messezentrum Javits Center an den ehemaligen Hudson Yards, einem aufgelassenen Güterbahnhof, enden.

Der Entwurf für den High Line Park stammt von dem Büro für Landschaftsarchitektur Field Operations in Zusammenarbeit mit dem Architekturbüro Diller Scofidio + Renfro. Der südliche Zugang zur Promenade befindet sich neun Meter über Straßenniveau an der Gansevoort Plaza im Meatpacking District, weitere Aufgänge gibt es an jeder folgenden zweiten bis vierten Querstraße.

Zeichen des Wandels sind auch die im Umfeld entstandenen architektonisch spannenden Wohnbauten wie der Apartmentturm HL23 Tower (515–517 West 23rd Street) von Neil M. Denari, Frank Gehrys erster Bau in New York City, die IAC Headquarters (West Side Highway/18th Street) und das Standard Hotel direkt über der High Line. Geplant ist außerdem an der High Line eine Filiale des Whitney Museum von Stararchitekt Renzo Piano.

Auch für das Hudson-Yards-Areal, speziell für die Western Rail Yards, die Gleisanlagen zwischen Hochbahn und Convention Center, ist Großes geplant. Dort soll einmal das Rockefeller Center des 21. Jahrhunderts mit Wolkenkratzern, Wohnanlagen und Läden entstehen. Gleichzeitig ist eine Verlängerung der Subway-Linie 7 bis hierher geplant.

PARADIES FÜR FEINSCHMECKER

In die rund 20 renovierten Gebäude der alten Keksfabrik Nabisco zog Ende der 1990er-Jahre der **Chelsea Market** (75 9th Avenue/15th Street, www.chelsea-market.com, Mo–Sa 7–22, So 8–20 Uhr) ein. Dies ist eine Gourmet Mall mit verschiedenen Läden und Lokalen im Industrieambiente. Delikatessen-und Weingeschäfte, Bäckereien, Bars und Cafés – wie BuonItalia Food Store, The Lobster Place, Chelsea Wine Vault, Manhattan Fruit Exchange oder Amy's Bread – gehören dazu, es gibt Sitzgelegenheiten und Infotafeln zur Geschichte sowie Kunstwerke. Wenige Schritte von dem Komplex entfernt befindet sich einer der beliebten New Yorker **Apple Stores**, ein Dorado für Computer-Freaks, iPhone oder iPad-Besitzer und solche, die es werden wollen (401 West 14th Street).

WEITERE INFORMATIONEN ZUM HIGH LINE PARK

www.meatpacking-district.com
www.thehighline.org
www.hydc.org/html/home/home.shtml
(Hudson Yards)

GARMENT DISTRICT

Madison Square Garden

Macy's **16**

Empire State Building

16 Macy's

»Shop 'til you drop«

Die Story des legendären New Yorker Kaufhauses Macy's konnte nur im »Land der unbeschränkten Möglichkeiten« geschrieben werden. Als die Walindustrie Mitte des 19. Jahrhunderts niederging, erkannte Kapitän Rowland Hussey Macy (1822–1877), Sohn einer Quäker-Familie aus Nantucket Island/Massachusetts, die Zeichen der Zeit und zog 1858 nach New York City um. Er eröffnete einen kleinen Krämer-laden – R. H. Macy Dry Goods – an der Ecke West 14th Street/6th Avenue, der später in die 18th Street/Broadway, an die sogenannte Ladies' Mile, umzog und rasch zum Kaufhaus anwuchs.

Der Eingang von Macy's mag bescheiden wirken, aber dahinter verbirgt sich im Hauptbau an der 7th Avenue der »World's Largest Store« (oben). In den Einkaufshallen von Macy's kann man sich schnell verlaufen (rechts unten). Berühmt ist die spektakuläre Macy's Parade am Thanksgiving Day (rechts oben).

Schon 1862 war R. H. Macy Co. der erste Laden, der in der Vorweih-nachtszeit einen eigenen Weihnachts-mann (Santa Claus) beschäftigte und erstmals seine Schaufenster festlich dekorierte. Als Rowland Hussey Macy 1877 starb, nahm sein Geschäft bereits elf Gebäude ein. Nach seinem Tod über-nahmen Macys ehemalige Mitarbeiter, die Brüder Isidor – der 1912 beim Untergang der »Titanic« ums Leben kommen sollte – und Nathan Straus den Betrieb. Sie expandierten weiter, und im Jahr 1902 zog Macy's an den Herald Square um.

Macy's Thanksgiving Parade

1924, mit der Fertigstellung des letzten Gebäudeteils an der 7th Avenue, wurde Macy's zum »World's Largest Store«. Im selben Jahr wurde auf Betreiben der Angestellten, großteils Immigranten, erstmals ein großer Umzug, damals noch »Christmas Parade« genannt, ver-anstaltet. Diese Tradition ist noch heute lebendig: Alljährlich am letzten Freitag im November, dem amerikanischen Erntedankfest (Thanksgiving), findet seit-her ein farbenfroher Umzug mit unge-wöhnlichen figürlichen Riesenballonen vom Central Park über den Columbus Circle bis zu Macy's am Herald Square statt. Mit dem letzten Paradewagen, auf dem Santa Claus sitzt, wird die Vorweih-nachtszeit eingeläutet. Ähnlich berühmt sind die »Fourth of July Fireworks«, die das Kaufhaus seit 1976 ebenfalls finan-ziert. Am Abend des Nationalfeiertags werden über dem East River von sechs verschiedenen Punkten aus etwa 40 000 Raketen abgefeuert – ein einmaliges Spektakel.

Größtes Kaufhaus der Welt

Im Laufe der Jahre entstanden Filialen in ganz USA. Für Schlagzeilen sorgte das Unternehmen 2005 mit dem Erwerb eines anderen legendären Kaufhauses, des 1865 gegründeten Marshall Field's in Chicago. Macy's war Vorreiter in vielen Belangen: Man gewährte Umtauschrecht, verkaufte Herren- und Damenbekleidung unter einem Dach, auch maßgeschneidert vor Ort, man beschäftigte erstmals eine Frau als Managerin, führte Fixpreise ein, schaltete Annoncen in Zeitungen und bot vormals unbekannte Produkte an. Macy's war auch der erste Laden in New York, der über eine Alkohollizenz verfügte.

Macy's New York gilt heute mit seinen über 198 000 Quadratmetern auf elf Etagen als das größte Kaufhaus der Welt. Leicht kann man sich in dem Konsumtempel verlaufen und greift besser zum Übersichtsplan. Für Großeinkäufe gibt es Einkaufsberater und einen Lieferservice. Das Kaufhaus mit seiner sehenswerten Fassade zur 34th Street und einem markanten Eingang mit Stützfiguren, Uhr und Schriftzug grenzt an den Herald Square und den Garment District (benannt nach den vielen Bekleidungsunternehmen).

Der Herald Square bildet den Kreuzungspunkt des Broadway mit der Avenue of the Americas (6th Avenue). Sein Name erinnert an das einst hier befindliche Verlagshaus des *New York Herald*. Um 1900 galten der Platz und sein Umfeld noch als Rotlichtviertel, doch nachdem 1902 Macy's eröffnet wurde, entwickelte sich ringsum die »Fashion Avenue«, eine bis heute attraktive Shoppingregion mit der Manhattan Mall als weiterem Einkaufszentrum und zahlreichen preiswerten Läden.

PARADE UND FEUERWERK

Macy's veranstaltet den größten Umzug in New York. Seit 1924 zieht jeden letzten Donnerstag im November ab 9 Uhr die **Thanksgiving Parade** von Central Park West/77th Street südwärts über den Columbus Circle und entlang der 6th Avenue zum Herald Square. Markenzeichen der Parade sind seit 1927 die riesigen Ballons, die Comic- und Filmfiguren wie Mickey Mouse, Superman oder Popeye darstellen.

Am 4. Juli findet am Abend des Unabhängigkeitstages seit 1976 ein ebenfalls von Macy's gesponsertes großes **Feuerwerk** statt, das live im TV übertragen wird. 2009 wurde das Spektakel vom East River zum Hudson River verlegt, seither werden dort von sechs Lastkähnen im Fluss, etwa zwischen 23rd und 59th Street (West Side Highway), Raketen abgeschossen. 26 Minuten lang dauert die Show mit Musikuntermalung, bei der über 40 000 Raketen bis zu 300 Meter hoch aufsteigen.

WEITERE INFORMATIONEN ZU MACY'S

151 West 34th Street, www.macys.com www.macys.com/fireworks, http://social.macys.com/parade2010/#/home

In Midtown Manhattan schlägt das Herz der Stadt, egal zu welcher Tages- oder Nachtzeit (rechts: am Time Square), ob im Winter (oben: Eislaufen am Rockefeller Center) oder im Sommer (Mitte: Pause im Bryant Park) – hier ist immer etwas los.

Midtown Manhattan

17 Empire State Building

New Yorks Wahrzeichen Nummer eins

Nirgendwo sonst in New York konzentrieren sich so viele Attraktionen und Wahrzeichen auf engstem Raum wie in Midtown: vom geschäftigen Times Square mit seinen flimmernden Reklametafeln, zugleich Zentrum des Theaterdistrikts, über die Shoppingmeile Fifth Avenue, von Macy's und MoMA bis hin zu Radio City Music Hall, Rockefeller Center und dem unvergleichlichen Empire State Building.

Das Empire State Bulding dominiert seit 1931 die Skyline von Midtown; es ist zugleich das derzeit noch höchste Gebäude und eines der Wahrzeichen der Stadt (oben). Ausblick von der Aussichtsplattform des Empire State Building nach Sonnenuntergang, wenn die Lichter der Stadt angehen (rechts).

Midtown gilt zu Recht als das Kerngehäuse des »Big Apple«, gleichzeitig ist der Stadtteil so etwas wie das geografische Zentrum Manhattans. Das Gebiet zwischen 34th und 59th Street setzt sich, genau genommen, aus zwei Teilen zusammen: einerseits Lower Midtown mit dem Garment District und Murray Hill als Pufferzone nach Süden, mit dem Times Square, dem Theater District und dem UN-Komplex – andererseits Upper Midtown um das Rockefeller Center und die Fifth Avenue bis hinauf zum Central Park. Wer sich zunächst einen Überblick verschaffen möchte, sollte mit dem Empire State Building beginnen und von dort die Aussicht genießen.

Das Waldorf muss weichen

Man vermag es sich nicht mehr vorzustellen, aber ursprünglich befand sich im Zentrum von Midtown eine Farm. 1893 eröffnete an ihrer Stelle unter der Ägide von William Waldorf Astor, dem Sohn des schwerreichen Kaufmanns Johann Jacob Astor, an der Ecke von 5th Avenue und 33rd Street das Hotel Waldorf-Astoria. Gleich daneben baute vier Jahre später sein Vetter John Jacob Astor IV. das Astoria Hotel, doch beide mussten 1929 dem Empire State Building weichen. Dafür entstand zwei Jahre später an der Park Avenue ein neuer Hotelkomplex. In eigentlich »schlechten« Zeiten, während der Depression, mitten in den Turbulenzen von Börsenkrach und Wirtschaftskrise, wurde durch Präsident Hoover am 1. Mai 1931 mit dem erstmaligen Einschalten der Lichter das Empire State Building offiziell eröffnet. Bis 1972 und dem Bau des World Trade Center war es New Yorks höchster Wolkenkratzer und ist es seit 2001 wieder, gefolgt von Bank of America Tower und Chrysler Building. Amerikaweit wird es nur vom Willis und Trump Tower, beide in Chicago, höhenmäßig übertroffen. Mit Eröffnung des One World Trade Center, »1 WTC«, voraussichtlich 2013, wird dieses dem Empire State Building die Vorrangstellung wieder abnehmen.

Ganz gleich, ob man auf das Empire State Building blickt (hier von der Dachterrasse der 230 Fifth Rooftop Bar) oder von oben die Aussicht genießt, das »ESB« ist immer ein Erlebnis. Zu besonderen Anlässen wird die Spitze des ESB in unterschiedlichen Farben angestrahlt (rechts unten). Hochzeit in luftiger Höhe – auch das ist möglich (rechts oben).

Das achte Weltwunder

Wie mutig man damals in den 1930er-Jahren war, zeigt auch, dass im selben Jahr, 1931, der Baubeginn des Rockefeller Center erfolgte und 1932 die berühmte Radio City Music Hall eröffnet wurde. Tatsächlich stand das Empire State Building jedoch nach der Eröffnung zunächst leer – die New Yorker tauften es deshalb »The Empty State Building«. Dabei war der Art-déco-Bau höchst repräsentativ, ausgestattet mit Deckengemälden, Lüstern und anderen stiltypischen, aufwendigen Dekorationen. 1963 kamen in der repräsentativen zentralen Marmor-Lobby die »Wonders of the World« dazu, eine Darstellung der sieben klassischen Weltwunder mit dem Empire State Building als achtem.
Mit der Planung des immer noch die Skyline dominierenden Wolkenkratzers war das lokale Architektenbüro Shreve, Lamb & Harmon Associates beauftragt gewesen. Die Bauweise war wegweisend, da der Skyscraper überwiegend

aus vorgefertigten Teilen um ein Stahlgerüst herum errichtet wurde. Als Fundament und Verankerung dienten 200 unterirdische Stahl- und Betonpfeiler, rund 6500 Fenster wurden installiert und 60 000 Tonnen Stahl verbaut. Am Ende hatte das Empire State Building knapp 41 Millionen US-Dollar gekostet und ragte 381 Meter, bis zur Antennenspitze beinahe 449 Meter, in den New Yorker Himmel.

Spektakulärer Ausblick

Von der Aussichtsplattform im 86th Floor (87. Stock), auf 320 Metern Höhe reicht der Blick nordwärts bis zur Bronx, im Süden bis zum Battery Park und hinüber nach Staten Island, im Westen nach New Jersey und im Osten nach Queens und Brooklyn – bei optimalen Sichtverhältnissen über 120 Kilometer weit! Anlässlich des 75. Geburtstags wurde 2005 eine zweite Aussichtsplattform im 102th Floor auf 373 Metern Höhe wiedereröffnet.

Wer dort hinauf möchte, braucht Zeit, denn das seit 1986 als »Landmark« unter Denkmalschutz gestellte Wahrzeichen gehört zu den beliebtesten Punkten der Stadt. Die alljährlich über 3,5 Millionen Besucher durchlaufen strenge Sicherheitskontrollen, ehe sie sich vor einem der insgesamt 73 Hochgeschwindigkeitsaufzüge anstellen. Das Treppenhaus mit insgesamt 1860 Stufen benutzen einmal im Jahr, Anfang Februar, Langstreckenläufer, wenn sie anlässlich des legendären »Empire State Building Run-Up« die 1576 Stufen zum 86th Floor zurücklegen. Der Rekord liegt bei 10 Minuten und 10 Sekunden und wurde 2011 von dem Deutschen Thomas Dold aufgestellt.

Bekannt von Fotos und Filmen

Der Fotograf Lewis W. Hine (1874 bis 1940) machte mit seiner Fotoreportage *Men at Work* über die Bauarbeiten am Empire State Building den Wolkenkratzer bereits 1932 unsterblich. Die »Cathedral of the Skies«, wie er auch genannt wird, spielte auch in vielen Kinofilmen eine wichtige Rolle – der bekannteste darunter dürfte »King Kong« aus dem Jahr 1933 sein.

Heute werden die oberen 30 Stockwerke jede Nacht beleuchtet, je nach Anlass oder Feiertag in wechselnden Farben: z.B. am St. Patrick's Day, dem irischen Nationalfeiertag, in Grün, am Independence Day, dem Nationalfeiertag am 4. Juli, in Blau, Rot und Weiß und am 3. Oktober, dem Tag der Deutschen Einheit, sogar in Schwarz-Rot-Gold.

Bis 2013 soll das Bauwerk ökologisch zum »klimafreundlichen Wolkenkratzer« saniert werden. Mithilfe neuer Fenster, besserer Isolation und Beleuchtung sowie moderner Klimaanlagen soll eine enorme Senkung des Energieverbrauchs und der Betriebskosten erreicht werden.

DAS ESB SCHLÄFT (FAST) NIE

New York ist eine »Stadt, die niemals schläft«, und auch beim Empire State Building lautet eine Devise: »ESB After Dark.« Das **Empire State Building Observatory** ist täglich bis 2 Uhr nachts geöffnet. Donnerstag, Freitag und Samstag wird von 22 bis 1 Uhr Live-Jazz auf dem 86th Floor Observatory geboten. Der Valentinstag ist höchst beliebt für Hochzeiten: Jedes Jahr werden 14 Paare ausgelost, um am **Annual Empire State Building Valentine's Day Weddings Event** teilzunehmen. Im Erdgeschoss (Main Lobby Level) mit Zugang an der West 34th Street befinden sich mehrere Restaurants (besonders empfehlenswert ist die Heartland Brewery), und im 80th Floor gibt es einen Souvenirshop.

WEITERE INFORMATIONEN ZUM EMPIRE STATE BUILDING

ESB, 350 5th Ave./34th Street, www.esbnyc.com/observatory.asp, tgl. 8–2 Uhr (letzter Aufzug 1.15 Uhr), $ 22 (Aussichtsplateau 86th Floor) bzw. $ 41 (86th und 102nd Floor), auch Express-Pässe und Kombiticket mit »NY Skyride« (tgl. 10–22 Uhr, www.skyride.com), Ticket-Vorbestellung: www.esbnyc.com/tickets, Beleuchtungsplan: www.esbnyc.com/current_events_tower_lights.asp

Nacht für Nacht werden die oberen 30 Stockwerke des Empire State Building beleuchtet, je nach Anlass oder Feiertag in wechselnden Farben.

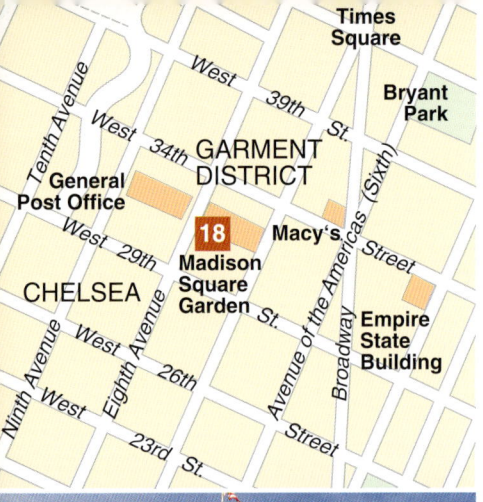

18 | Madison Square Garden

Bahnhof mit Sporthalle

Der Madison Square Garden (MSG) ist der vielleicht legendärste Sportpalast der Welt. In dem verglasten Betonzylinder, der 1968 über der Pennsylvania Station errichtet wurde, feuern die New Yorker mit fast südländisch-überschäumendem Temperament vor allem ihre heiß geliebten Rangers an, eine der drei Profi-Eishockeyteams im Großraum New York. Aber auch die Basketballer der »Knicks« und das Basketball-Damenteam »Liberty« haben ihre treuen, lauten und durchaus kritischen Fans. Daneben finden im MSG Konzerte, Zirkus, Boxkämpfe, Eisshows und sogar Rodeos statt.

Das tempelartige James A. Farley General Post Office erhebt sich gegenüber dem Madison Square Garden (oben). In der berühmtesten Sporthalle der Welt gehen die »Knicks« (helle Trikots) auf Korbjagd (unten) und die »Rangers« (dunkle Trikots) jagen Pucks hinterher (rechts oben). Der MSG erlebt derzeit eine Renovierung (rechts unten).

Um die Sporthalle errichten zu können, war es nötig gewesen, das einst hier befindliche Bahnhofsgebäude abzureißen und den Bahnhof in den Untergrund zu verlegen. Noch heute herrscht deshalb um die Sporthalle reges Treiben, denn die Penn Station ist nach wie vor New Yorks wichtigster Bahnhof. Neben Schnellzügen von Amtrak, die New York mit Boston im Norden und der Hauptstadt Washington, D. C., im Süden verbinden, verkehren hier auch die Nahverkehrszüge von Path nach New Jersey und jene von Lirr nach Long Island.

Der Madison Square Garden ist bereits der vierte Bau dieses Namens in New York. 1879 war der erste »Garden« an der Ecke von 26th Street und Madison Avenue erbaut worden, 1890 wurde er vom MSG II an gleicher Stelle abgelöst,

ehe 1925 das dritte Gebäude an der Penn Plaza, zwischen 7th und 8th Avenue, 31st und 33rd Street, entstand.

Notwendige Verschönerungsaktionen

Die heutige Sportarena fasst je nach Sportart bzw. Veranstaltung zwischen 18 000 und 20 000 Zuschauer und ist Heimatstadion mehrerer Profisportmannschaften: der »Rangers« (Eishockey), der »Knicks« (NBA/Basketball) und der »Liberty« (WNBA/Damen-Basketball).

Nachdem Pläne, einen neuen Sportpalast in nächster Nähe zu bauen, aus Kostengründen geplatzt sind, erhält der MSG derzeit ein aufwendiges Facelift im Inneren. Bis 2012 sollen die Zuschauertribünen erneuert werden und breitere Umgänge sowie neue Logen entstehen

– eine Herausforderung angesichts der Tatsache, dass die Bauarbeiten während des laufenden Spiel- und Konzertbetriebs stattfinden.

Ungewöhnliches Postamt

Gegenüber dem Madison Square Garden an der 8th Avenue fällt das mächtige Bauwerk des James A. Farley General Post Office – benannt nach dem obersten Postchef der Stadt in den 1930er-Jahren – ins Auge. Nicht umsonst steht das prächtige, historische Gebäude auf dem National Register of Historic Places, also unter Denkmalschutz. Entstanden ist das Postamt wie das einst gegenübergelegene abgerissene Bahnhofsgebäude der Penn Station nach Plänen des New Yorker Architekturbüros McKim, Mead & White im Beaux-Arts-Stil. Die Penn Station war schon 1910

fertiggestellt worden, das Postamt eröffnete erst 1912 und musste bereits 1934 vergrößert werden.

Den Prachtbau prägen eine lange Säulenkolonnade mit korinthischen Kapitellen und eine mächtige Freitreppe an der 8th Avenue. Die 85 Meter lange Inschrift am Architrav – »Neither snow nor rain nor heat nor gloom of night stays these couriers from the swift completion of their appointed rounds« – ist übrigens nicht das Motto der US Postal Service, sondern stammt aus den *Historien* (VIII, 98), dem Geschichtswerk des griechischen Historikers Herodot (ca. 480 v. Chr. – etwa 424 v. Chr.), und bezieht sich auf die Tapferkeit der Boten des persischen Königs Xerxes I. An den Schmalseiten befinden sich turmartige Pavillons, im nördlichen kann man das Museum of Postal History besuchen.

GÄNSEHAUT-ATMOSPHÄRE IM MADISON SQUARE GARDEN

New Yorks Sportarena und die New Yorker Fans sind legendär. Wer in den USA schon einmal Profispiele besucht hat, der wird die besondere Atmosphäre hier schnell spüren. Während in anderen Sportarenen die Zuschauer ins Stadion pilgern, als würden sie eine Oper besuchen und sich auch entsprechend »gesittet« benehmen, geraten die New Yorker bei ihren Teams schnell aus dem Häuschen.

WEITERE INFORMATIONEN ZUM MADISON SQUARE GARDEN

www.thegarden.com

New York Rangers (NHL–Eishockey), Spiele zwischen Oktober und April, Infos und Tickets: www.newyorkrangers.com
New York Knicks (NBA – Basketball), Spiele November – April, Infos und Tickets: www.nba.com/knicks
New York Liberty (WNBA – Damen-Basketball), Spiele Mai – September, Infos und Tickets: www.wnba.com/liberty

19 The Morgan Library & Museum

Bücher und Kunst

Den Übergang zwischen New Yorks Stadtvierteln Chelsea und Gramercy sowie Lower Midtown bilden der Garment District und Murray Hill. Letzteres ist ein eher ruhiges Wohngebiet, in dem sich ein wenig bekanntes Juwel der New Yorker Kunst- und Kulturszene verbirgt: The Morgan Library & Museum.

Für seine umfangreiche Sammlung an seltenen Büchern, Manuskripten, Inkunabeln, Zeichnungen, Drucken und Gemälden ließ sich J. Pierpont Morgan eine Bibliothek erbauen (oben). Der prächtige Leseraum von »Mr. Morgan's Library«, die zwischen 1902 und 1906 entstand (rechts unten). Bummel entlang dem »Korean Way« (rechts oben).

Die Bibliothek an der Kreuzung von Madison Avenue und 36th Street geht auf die umfassende Privatsammlung des Bankiers J. Pierpont Morgan (1837–1913) zurück. Er war Liebhaber seltener Bücher, Manuskripte, Inkunabeln, Zeichnungen, Drucke und Gemälde gewesen und hatte sich dafür angrenzend an seine Privatwohnung – einem Brownstonebau von 1880 – ein eigenes Bibliotheksgebäude im Stil eines Renaissance-Palastes errichten lassen, im Inneren prächtig mit Fresken, Mosaiken und Stuckreliefs ausgestattet. »Mr. Morgan's Library« war 1902 bis 1906 nach Plänen des New Yorker Architekten Charles F. McKim vom berühmten Büro McKim, Mead & White entstanden.

Altehrwürdige Institution

Zur Sammlung des Bankiers gehören wertvolle Schriften ab dem 15. Jahrhundert, darunter drei Gutenberg-Bibeln, Manuskripte aus dem Mittelalter und der Renaissance, Zeichnungen und Drucke von Blake, Degas, Dürer, Rubens und Watteau. Literarische und historische Manuskripte – u.a. Charles Dickens' *Christmas Carol*, Thomas Jeffersons Briefe an seine Tochter Martha, Briefe von Jane Austen, Albert Einstein, Abraham Lincoln, John Steinbeck und Voltaire – sowie Notenblätter von vielen großen Komponisten sind ebenfalls Teil des Museumsbestands. Da nicht alle Objekte auf einmal gezeigt werden können, werden sie in (rotierender) Auswahl präsentiert. Der Sohn des Bauherrn, J. P. »Jack« Morgan jr. (1867–1943), machte die Bibliothek 1924 der Öffentlichkeit zugänglich, und schon vier Jahre später wurde aus Platzgründen – die Sammlung war durch Spenden und Schenkungen erheblich gewachsen – ein »Annex« hinzugefügt und durch eine Galerie mit dem Ursprungsbau verbunden. Dabei wurde das alte Wohnhaus der Morgans abgerissen; die Familie war bereits 1905 in ein historisches Nachbargebäude umgezogen. 1988 war dieses in den Museums- und Bibliothekskomplex integriert worden, und 1991 kam ein verbindender »Garden Court« dazu.

Alt und Neu harmonisch vereint

2005/06 erfolgte nach Plänen des bekannten italienischen Architekten Renzo Piano eine neuerliche Vergröße- rung der Ausstellungsfläche um über die Hälfte. Mit wenig aufdringlicher moder- ner Architektur gelang es Piano, die drei bestehenden historischen Gebäude durch einen dreiteiligen Stahl-Glas- Pavillon mit Eingangslobby und luftig- hellem Foyer (Gilbert Court) – mit Café, Restaurant, Shop, Veranstaltungssaal und Lesesaal – zu verbinden. Heute nimmt The Morgan Library & Museum fast einen halben Straßenblock ein. Der alte Teil des Museums, Mor- gan's Library & Study, ist besonders sehenswert und interessant. Erst im Oktober 2010 wurden nach einer 4,5 Millionen Dollar teuren Renovierung

die Historic McKim Rooms in diesem Teil des Museums wiedereröffnet. Heute präsentieren sie sich so, wie sie im Jahr 1906 von McKim, Mead & White im Hochrenaissance-Stil erbaut worden waren. Seither können auch Pierpont Morgans Privatsafe und das Büro des Bibliothekars besichtigt werden. Außer- dem wurden Details wie Mosaiken und Kronleuchter sorgfältig restauriert und eine neue Beleuchtung installiert. Die beiden Räume, die durch eine Rotunde voneinander getrennt sind, präsentieren die Lieblingskunstwerke des Gründers J. Pierpont Morgan. Die Wände der Räume sind zu großen Teilen von Bücherregalen mit unzähligen Titeln bedeckt, und auf Wandgemälden sind historische Persönlichkeiten und Tier- kreiszeichen dargestellt.

KOREANISCHE ENKLAVE

Im Areal um die 32nd Street zwischen 6th und 5th Avenue – »Korean Way« genannt – lassen Ladenschilder und Res- taurants sofort erkennen, dass man sich in einer anderen Welt befindet: in **Little Korea**. Hier gibt es koreanisches Barbe- cue (mit im Tisch eingelassenem Grill) in zahllosen kleinen Lokalen fast rund um die Uhr, z.B. bei Don's Bogam (17 East 32nd Street) oder E-Mo (2 East 32nd Street). Bei HanGawi (12 East 32nd Street) werden asiatisch angehauchte vegetarische Gerichte angeboten.

WEITERE INFORMATIONEN ZU MORGAN LIBRARY & MUSEUM

225 Madison Avenue/36th Street, www.themorgan.org, Di–Do 10.30–17, Fr 10.30–21, Sa 10–18, So 11–18 Uhr, $ 15, McKim Rooms frei Di 15–17, Fr. 19–21, So 16–18 Uhr, mit Morgan Shop und Morgan Dining Room.

20 Bryant Park

Oase zwischen Wolkenkratzern

Der Bryant Park markiert den Ort, an dem anlässlich der Weltausstellung 1853 der legendäre Kristallpalast errichtet worden war. In den 1960er-Jahren erwarb sich der Park als Drogenumschlagplatz einen schlechten Ruf, doch seit seiner Sanierung 1989 gehört er wieder den New Yorkern und ist im Sommer ein beliebter Treffpunkt.

Der Bryant Park wird überragt von dem neuen Bank of America Building, ein Musterbeispiel für »grünes« Bauen (oben). Am anderen Ende des Bryant Parks erhebt sich die Public Library, 1911 als Beaux-Arts-Prachtbau entstanden (rechts unten). Im Sommer finden im Bryant Park Konzerte und Filmvorführungen statt (rechts oben).

Das den Platz dominierende, tempelartige Gebäude ist Sitz der Zentrale der Stadtbibliothek, der New York Public Library. Es entstand 1911 als Beaux-Arts-Prachtbau nach Plänen des Architekturbüros Carrère & Hastings und soll damals schon rund neun Millionen Dollar gekostet haben. Seit 1965 steht das Gebäude unter Denkmalschutz. Es birgt über 50 Millionen Medien aller Art (Bücher, CDs, Videos, Karten, Handschriften u. v. m.), darunter auch wertvolle Handschriften wie die von Thomas Jefferson verfasste Unabhängigkeitserklärung und eine Ausgabe der Gutenberg-Bibel.

Lady Astor und Lord Lenox

Die Wurzeln der Stadtbibliothek gehen auf die Sammlungen zweier bedeutender New Yorker zurück: des deutschstämmigen Immigranten Johann Jacob Astor (1763–1848), der durch Pelzhandel und Immobilien reich geworden war, sowie des Philanthropen James Lenox (1800–1880), Gründer des Presbyterian Hospital. Heute unterhält die

Bibliothek, die neben der Library of Congress in der US-Hauptstadt Washington, der Boston Public Library und den Universitätsbibliotheken von Havard und Yale zu den fünf bedeutendsten Bibliotheken der USA zählt, über 80 Filialen im ganzen Stadtgebiet und verzeichnet an die sieben Millionen Benutzer.

Der Eingang des Repräsentationsbaus befindet sich an der 5th Avenue. Die breite Freitreppe wird von zwei berühmten Löwenskulpturen flankiert, die aus der Werkstatt von Edward Clark Potter (1857–1923) stammen und 1911 aufgestellt wurden. Zunächst nannten sie die New Yorker – obwohl beide Löwen männlich sind – nach den Hauptsponsoren »Lady Astor« und »Lord Lenox«. Später taufte Bürgermeister Fiorello La Guardia die südliche Figur in »Patience« (Geduld), die nördliche in »Fortitude« (Tapferkeit) um.

Musterbau des 21. Jahrhunderts

Die Bücherei nimmt die Ostseite des Bryant Park ein, an seiner Nordgrenze verläuft die pulsierende 42nd Street mit

ihren Geschäften und sehenswerter Hochhausarchitektur. Ins Auge stechen hier vor allem das Grace Building (42nd Street/5–6th Avenue) mit der markant schrägen Sockelzone sowie das neue Bank of America Building (42nd Street/6th Avenue), ein Musterbeispiel für modernes Bauen, für »grüne« Architektur – für Nachhaltigkeit, Umweltschutz, Energiesparen und Wirtschaftlichkeit.

Das 2009 eröffnete Bank of America Building erhebt sich 288 Meter (366 Meter mit Antenne) als neues Wahrzeichen über Midtown und ist nach dem Empire State Building nun das zweithöchste Bauwerk der Stadt. Die Fassade des Henry Miller's Theatre von 1918, eines der Gebäude, die dem Neubau weichen mussten, wurde in die

neue Front integriert und das Theater selbst als unterirdische Bühne wiedereröffnet. Zudem wurde ein neuer, gläserner Subway-Zugang geschaffen. Auch wenn das Bauwerk mit seiner dekorativen Spitze und der kristallinen Struktur, mit viel Glas und vertikalen Linien architektonisch wenig originell wirkt, gilt es als Vorreiter für »grünes Bauen«. Wasserfilter auf dem Dach wandeln Regen- in Brauchwasser um, für die Stromerzeugung gibt es ein eigenes kleines Gaskraftwerk, eine Boden-Klimaanlage reguliert individuell Heizung und Kühlung, und Luftfilter sorgen für ein angenehmes Raumklima. Für die Fenster wurde ein neuartiges spezielles Isolierglas verwendet, das Infrarotstrahlen großteils filtert, aber dennoch viel Licht ins Innere lässt.

PAUSE IM BRYANT PARK

Der Bryant Park ist eine Ruheoase im lebhaften Midtown, und das nicht nur für die Büroangestellten in den umgebenden Wolkenkratzern. Unter Bäumen kann man hier gut sitzen (und dank WLAN-Hotspots das Internet nutzen) oder sich auf der zentralen Wiese ausstrecken. Zwei Restaurantpavillons und vier Kioske im Beaux-Arts-Stil sorgen fürs leibliche Wohl. Es gibt eine Großleinwand für Freiluftkino und eine kleine Bühne für Konzerte. Im Sommer finden hier zahlreiche kostenlose Veranstaltungen, auch Schach- oder Boule-Turniere oder Morgenkurse in Yoga, und Tai Chi statt.

WEITERE INFORMATIONEN ZUM BRYANT PARK

Bryant Park Summer Events: www.bryantpark.org
Bank of America Building: http://nyc-architecture.com/MID/MID157.htm
New York Library: www.nypl.org

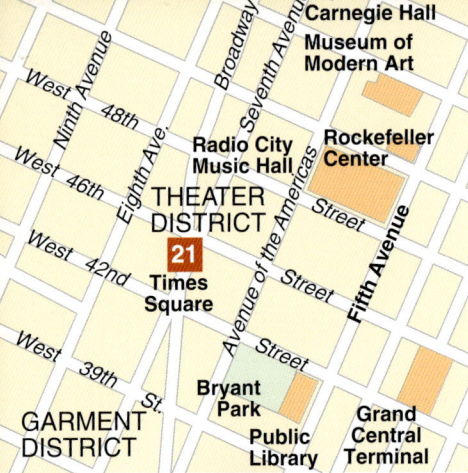

21 Times Square und Theater District

Glitz und Glamour

Als »Summe und Krönung aller Marktplätze und Tingeltangelstraßen in Amerika« bezeichnete der Schriftsteller und Mitbegründer der Beat Generation, Jack Kerouac, den Times Square. Streng genommen ist er nur der Kreuzungspunkt mehrerer Straßen: Hier quert der Broadway gemächlich die 7th Avenue, über vier Blocks, von der 42nd bis zur 46th Street. Der Schnittpunkt im Süden heißt Times Square, derjenige im Norden Duffy Square.

Nicht zu Unrecht spricht man beim Times Square auch von den »Crossroads of the World« –, schließlich tummeln sich hier alljährlich rund 35 Millionen Passanten und machen den Platz zu einem der meistbesuchten Orte der Welt. »Broadways« gibt es zwar auch in vielen amerikanischen Städten, doch nur der New Yorker »breite Weg« steht synonym für Glitzer und Glamour, Theater und Unterhaltung. Der Broadway New Yorks geht auf einen alten Indianerpfad zurück, der von der Südspitze Manhattans aufs Festland führte. Den Pfad nutzten später auch Neusiedler, und so wurde daraus eine bedeutende Achse im Stadtbild.

Wenn ein Silberball vom Himmel fällt

Seinen Namen erhielt der Times Square 1904, als hier die *New York Times* ihr Redaktionsbüro eröffnete; zuvor hieß er nach der Form noch »Longacre Square«.

Bekannt wurde er erst 1928, als die *Times* ein großes Display-Nachrichtenband am Hochhaus installierte. Die Angestellten der *New York Times* hatten bereits am 31. Dezember 1904 vor ihrem Bau eine Silvesterparty veranstaltet. Drei Jahre später entstand daraus eine Tradition, die bis heute große Menschenmassen auf den Times Square lockt: Pünktlich zum Jahreswechsel wird vom Gebäude One Times Square eine illuminierte Aluminiumkugel aus 23,50 Metern Höhe von einem Fahnenmast am Stahlseil herabgelassen. Der Ball wurde schon mehrfach modifiziert, seit der Millenniumfeier 2000 handelt es sich um eine knapp 486 Kilo schwere, im Durchmesser 1,83 Meter große Kugel, die mit 504 Waterford-Kristallen besetzt und von 168 Halogenlämpchen, 432 Glühbirnen und 96 Strahlern beleuchtet wird. 90 rotierende pyramidale Spiegel machen die computergesteuerte Lightshow perfekt.

Das Shubert Theater New York (oben). Der Times Square ist der Kreuzungspunkt mehrerer Straßen: Hier quert der Broadway über mehrere Blocks die 7th Avenue, der Schnittpunkt im Süden heißt Times Square, derjenige im Norden Duffy Square (unten). Reklameschilder und Leuchtreklamen prägen Times Square und Theater District (rechts).

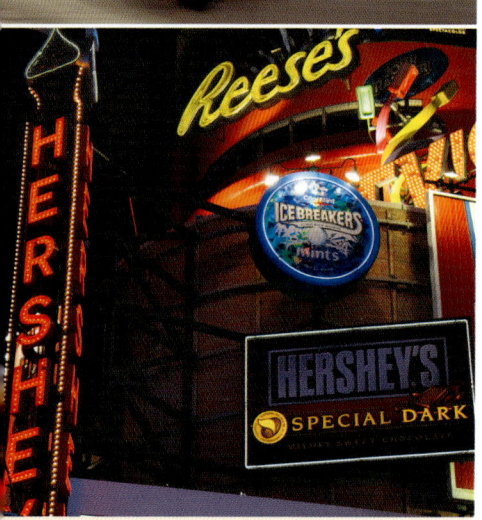

Gelassen blicken die New Yorker Polizisten auf das Treiben um den Times Square: auf rasende Skater ebenso wie auf Shopper, die in den Läden ringsum einkaufen (oben). Sie haben auch die Menge im Griff, die an Silvester dabei ist, wenn die berühmte illuminierte Aluminiumkugel pünktlich um Mitternacht herabgelassen wird (rechts oben).

Theater, nichts als Theater

Times Square und Theater District gehören untrennbar zusammen, seit 1883 an der Ecke Broadway/40th Street die Metropolitan Opera ihre Pforten öffnete. Am Broadway selbst und im Bereich zwischen 7th und 9th Avenue sowie 42nd und 57th Street folgte Theater auf Theater – es entstand ein Vergnügungsviertel mit Shows und Varietés wie »Hubert's Museum«, einer Show menschlicher Abnormitäten, »Ziegfeld Follies« und anderen Vaudeville-Spektakeln. Auch die ersten überdimensionalen Leuchtreklamen, die den Broadway zum »Great White Way« machten, stammen aus dieser Zeit. In der Nachkriegszeit und mit dem Aufkommen des Fernsehens verblasste dann der Glanz, das Areal um den Times Square degradierte zum verrufenen Sex-&-Crime-District, und in den 1980er-Jahren kursierte ein großes Theatersterben.

Inzwischen verzeichnen nicht nur die Broadwaytheater wieder Rekordzahlen, auch das Revival des gesamten Gebiets ist in vollem Gange: Große Firmen wie

Bertelsmann, Reuters, Condé Nast oder NASDAQ haben sich am Times Square niedergelassen, neue Kinokomplexe, Läden und Restaurants entstanden – vor allem an der »New 42nd Street« zwischen 7th und 8th Avenue – und Megaläden wie Hershey's, Toys 'R' Us oder Disney Store ziehen zahlreiche Kunden an. Viele der alten Theater wurden ebenfalls renoviert. Gleich mehrere reihen sich entlang der Theater Row, der W. 45th Street und der Shubert Alley, auf, so Booth und Shubert Theatre (1913), Music Box Theater (1920), Royale Theater (1927) oder Golden Theatre (1927). In neuem Glanz erstrahlt auch das New Amsterdam Theater (W. 42nd Street), und das Lyceum Theatre (149 West 45th Street) von 1903 gilt als das älteste kontinuierlich betriebene Theater in der Stadt.

Verkehrsberuhigte Zone

Höhepunkt des Revitalisierungsprogramms war die Erklärung der Platzanlage zur verkehrsberuhigten Zone. Im Sommer 2009 wurden Times und Duffy Square partiell zur Fußgängerzone erklärt und fortan von New Yorkern und Besuchern ganz anders aufgenommen. Auch an anderen Kreuzungspunkten des Broadway zwischen Madison Square und Columbus Circle sind inzwischen verkehrsberuhigte Zonen eingerichtet worden.

Bereits 2008 hat am Duffy Square eine neue TKTS-Ticketverkaufsstelle eröffnet. Sie fällt vor allem durch die knallrote, tribünenartige Treppe aus Fiberglas auf, die zum Sitzen und Schauen anregt. Am Fußende der Treppe ist der Namensgeber des Platzes, Reverend Francis P.

Duffy, Bürgerrechtskämpfer und katholischer Priester zur Zeit des Ersten Weltkriegs, in Gestalt einer Bronzestatue vor einem keltischen Kreuz zu sehen.

Zu den ungewöhnlichen Neubauprojekten der Stadt zählt das nur Schritte vom Times Square entfernt (620 8th Avenue) stehende New York Times Building. Die Pläne dafür stammen von dem renommierten italienischen Architekten Renzo Piano. Die Zeitungsredaktion nutzt den Großteil des Gebäudes, der größte Immobilienmakler der Stadt Bruce Ratner die oberen Stockwerke; das Dachgeschoss mit Roof Garden fungiert als Konferenzzentrum. Das Besondere an dem rund 228 Meter hohen Wolkenkratzer sind umweltschutztechnische und energiesparende Details wie die Außenhaut: eine neuartige Glass Curtain Wall mit keramischen Sonnenschutz-Elementen, die sich automatisch an Lichteinfall und Sonneneinstrahlung anpassen und damit für energiesparende Klimatisierung und Beleuchtung sorgen. Ein eige-

nes kleines Gaswerk liefert rund 40 Prozent der benötigten Energie, der Großteil des am Bau verwendeten Stahls ist Recyclingmaterial, und es gibt keine Auto-, dafür aber Fahrradstellplätze.

Legendäre Carnegie Hall

Ebenfalls legendäre Stellung in der Theaterlandschaft nimmt die Carnegie Hall (154 W. 57th Street) ein, die ein Stück weiter im Norden steht. Die älteste Konzerthalle der Stadt wurde zwischen 1887 und 1891 von William Burnet Tuthill für Andrew Carnegie an der 7th Avenue/56th Street geplant und erbaut. Der Philanthrop Carnegie (1835–1919), ein Einwanderer aus Schottland, der mit Stahl reich geworden war, finanzierte zahlreiche Kulturinstitutionen in New York und Pittsburgh. Den Plan, in New York eine Konzerthalle einzurichten, hatte Carnegie zusammen mit dem deutschstämmigen Dirigenten und Komponisten Walter Johannes Damrosch (1862–1950) gefasst. Damals

Die legendäre Carnegie Hall (oben und links) gehört ebenso zum Times Square wie das spektakuläre Spielwarengeschäft (Mitte) mit lebensgroßen Dinos. Namensgebend für den Times Square, wenn auch heute etwas weiter abseits: das »grüne« New York Times Building (unten).

gab es den Theater District, das Viertel, in dem Carnegie die Konzerthalle erbauen ließ, als solchen noch nicht. Das Gebiet hieß schlicht »Goat Hill« – Ziegenhügel – und hatte nicht eben viel zu bieten.

Das sollte sich mit Fertigstellung der Carnegie Hall im Italian Renaissance Style im Jahr 1891 ändern. Die Premiere wurde mit einem Konzert von Peter Tschaikowsky (1840–1893) gefeiert, seitdem fanden und finden regelmäßig große Konzerte statt. Unter anderem traten hier schon Liza Minelli, Luciano Pavarotti, Woody Guthrie, Pete Seeger, Bob Dylan und die Beatles auf. Die Carnegie Hall genießt nicht nur weltweit guten Ruf als Veranstaltungsort klassischer Konzerte, sondern gilt zugleich als legendäre Bühne für Popmusik. Als berühmtestes Konzert gilt bis heute der Auftritt Benny Goodmans mit seiner Big Band am 16. Januar 1938. Damit feierte der Jazz seinen Aufstieg, und es traten weiße und afroamerikanische Musiker erstmals gemeinsam auf.

Nach einer Krise in den späten 1950er-Jahren wurde der Bau dadurch gerettet, dass ihn die Stadt erwarb und 1964 unter Denkmalschutz stellen ließ. 1983 bis 1995 wurde aufwendig renoviert, und 2003 eröffnete die auf modernsten technischen Stand gebrachte alte Hauptbühne, die Arthur Zankel Hall (644 Plätze), neu. Sie war 1891 als erste von drei Bühnen – die beiden anderen sind das Isaac Stern Auditorium (2804 Plätze) und die Weill Recital Hall (268 Plätze) – in Betrieb genommen worden. Im Obergeschoss befindet sich das Rose Museum, das ausführlich über die Geschichte des Gebäudes informiert und Theatermemorabilien zeigt. Zwischen 1988 und 1990 hatte Cesar Pelli der Carnegie Hall einen postmodernen Anbau, den 60-stöckigen Carnegie Hall Tower, mit Wohnungen und Büros, angefügt.

RINGS UM DEN TIMES SQUARE

Seit Sommer 2009 bietet die neue Ausstellungshalle **Discovery Times Square Exposition** (226 W. 44th Street, zwischen 7th und 8th Avenue) im ehemaligen New York Times Building am Times Square ausgefallene Ausstellungen wie »Titanic«, »Tutankhamun«, »Harry Potter« oder »Pompeji«.

Die **New 42nd Street** bildet die zentrale Achse des wiederbelebten Areals um den Times Square, besonders im Bereich zwischen 7th und 8th Avenue. Dort reihen sich Kino- und Entertainmentkomplexe wie Regal E-Walk Stadium 13, Loews oder AMC Empire 25 auf, dazu Läden wie ein Souvenirshop der New York Yankees oder Modell's (günstige Sportartikel) sowie Mme. Tussaud's Wachsfigurenkabinett.

WEITERE INFORMATIONEN ZU TIMES SQUARE UND THEATRE DISTRICT

Carnegie Hall: 57th Street/7th Avenue, www.carnegiehall.org, Touren (außer Juli–Sept) Mo–Fr 11.30, 14, 15 Uhr, $ 10, Rose Museum (Theatermemorabilien) tgl. 11–16.30 Uhr, frei.

Discovery Times Square Exposition: 226 West 44th Street/7th Avenue, www.discoverytsx.com, So–Do 10–20, Fr, Sa 10–21 Uhr, Eintrittspreise variabel.

22 | Intrepid Sea-Air-Space Museum

In der »Küche des Teufels«

Das berühmte Musical »West Side Story« spielt in dem von Straßenbanden beherrschten Viertel, das sich westlich des Theater District bis zum Hudson River hin erstreckt: Als »Hell's Kitchen«, »Teufels Küche«, haftete ihm in der Stadt ein legendärer, wenig rühmlicher Ruf an. Vor allem sein Zentrum zwischen der 50th und der 56th Street, das fest in irischer Hand war, galt bis Ende der 1970er-Jahre als eines der verrufensten und kriminellsten Viertel.

D och auch hier hat der Wandel, der Times Square und Theater District erfasst hat, nicht haltgemacht. Das Viertel ist dank neu renovierter Wohnblocks wieder lebenswert und attraktiv geworden und zählt heute zu den Neighborhoods mit dem höchsten Bevölkerungszuzug. Renovierte Apartmentgebäude und Brownstone-Häuser, kleine Läden, Cafés und Lokale sowie verstreute Community Gardens, eine Art Schrebergärten für die Anwohner, machen es lebenswert und attraktiv und damit zu einer beliebten Wohnadresse.

Eines der größten maritimen Museen

Hauptattraktion des Gebiets Hell's Kitchen ist das Intrepid Sea-Air-Space Museum direkt am Hudson River, an Pier 86. Der namensgebende US-Flugzeugträger aus dem Zweiten Weltkrieg, der hier vor Anker liegt, ist das Kernstück eines Komplexes, der Ende 2008 nach umfangreichen Renovierungen neu eröffnet wurde und nun zu den größten maritimen Museen der Welt zählt. Die »USS Intrepid«, ein 280 Meter langer US-Flugzeugträger der sogenannten Essex-Klasse aus dem Zweiten Weltkrieg stand zwischen 1943 und 1974 in Dienst und wurde dank einer Privatinitiative vor der Verschrottung bewahrt, unter Denkmalschutz gestellt und 1982 als Museum eröffnet. Nach der Generalüberholung des ganzen Komplexes bzw. des Piers präsentiert sich auch der Flugzeugträger in neuem Glanz.

An Pier 86 liegt neben der »USS Intrepid« das U-Boot »USS Growler«, eine weitere Topattraktion ist das Überschallflugzeug »Concord« der British Airways. Auf dem Deck des Flugzeugträgers sind in großer Zahl Militärflugzeuge wie etwa eine Lockheed A-12 oder eine F-14 ausgestellt, und im Bauch des Flugzeugträgers erfährt der Besucher mehr über das Schiff, seine Geschichte, die Lebens-

Hauptattraktion des Viertels »Hell's Kitchen« ist das Intrepid Sea, Air & Space Museum direkt am Hudson River, an Pier 86 (oben u. rechts unten). Der namensgebende US-Flugzeugträger aus dem Zweiten Weltkrieg bildet das Kernstück des Museums (unten). Openair-Kino auf der Intrepid (rechts oben).

und Arbeitsbedingungen an Bord und die Besatzung sowie über den Zweiten Weltkrieg. Zudem werden immer wieder interessante Sonderausstellungen organisiert.

Ein Dschungel wird zum Park

Hell's Kitchen war einst berüchtigt für den »Dschungel«, das heruntergekommene Bahnareal unterhalb des Express Highway nahe dem alten Kai. Dieser »Dschungel« war einst »Wohnsitz« vieler Obdachloser. Heute entstehen hier am Hudson River sowie auf den stillgelegten Gleisanlagen neue Freizeit- und Grünanlagen. Der Hudson River Park soll sich einmal vom Battery Park bis hinauf zur 60th Street ziehen und auch die ehemaligen Hudson Yards, einen aufgelassenen Güterbahnhof, mit einbeziehen.

Hier sind Wolkenkratzer mit Apartments und Läden geplant.

Zudem zieht sich hier der Manhattan Waterfront Greenway, ein schmaler Grünstreifen mit Radweg, entlang, der einmal ganz Manhattan umrunden soll. Im Rahmen des Hudson-River-Projektes wurden einige Piers wie Pier 45 (Christopher Street Pier, Grünanlage), Pier 54 (Open-Air-Konzerte) oder Pier 62/64 (Grünanlage mit Skatepark) bereits zu Freizeitarealen umgestaltet. Der größte bereits veränderte Pier am Hudson River Park ist Pier 84 neben dem Intrepid Sea-Air-Space Museum. Hier findet man eine Parkanlage, Restaurants und ein Bootshaus. Nördlich davon, ab Höhe der 52nd Street, trägt der neue Manhattan Cruise Terminal dem boomenden Kreuzfahrttourismus Rechnung.

FREILUFTKINO AUF DER INTREPID

Da sage noch einer, es gäbe in NYC nichts umsonst: Während der »Friday Night Movies« werden ab Ende Mai auf dem Deck der Intrepid-Filme wie *Top Gun*, *Back to the Future*, *E.T.* oder *Spider Man* gezeigt. Besucher können eigene Decken und ein Picknick, nur keinen Alkohol, mitbringen. Die Pforten öffnen um 19.30 Uhr, die Filme beginnen nach Sonnenuntergang.

Hudson River Park

Inzwischen zieht sich der Hudson River Park vom Battery Park an der Südspitze Manhattans den Hudson hinauf bis zur 59th Street. Es gibt Parkanlagen mit Liege- und Spielwiesen, Skaterbahnen, Sportflächen, Restaurants und Bars. An den Piers 79, 81, 83 legen Ausflugsboote und Fähren an, nördlich Pier 86 befindet sich die NYC-Passagierschiff-Anlegestelle.

WEITERE INFORMATIONEN ZUM INTREPID SEA-AIR-SPACE MUSEUM

www.intrepidmuseum.org, Mo–Fr 10–17, Sa, So 10–18 Uhr, Winter Di–So 10–17 Uhr, $ 24, auch Touren.
Open-Air-Kino-Programm: www.intrepid museum.org/Summer-Movie-Series.aspx
Hudson River Park:
www.hudsonriverpark.org

23 MoMA

Tempel der modernen Kunst

Upper Midtown, das Areal zwischen Rockefeller Center und Central Park, ist das geschäftige Touristenzentrum der Stadt. Im Bereich zwischen Park Avenue und Broadway reihen sich die meisten und auch die exklusivsten Läden, dazu Restaurants und Cafés, aneinander. Als kulturelles Highlight hat sich hier das weltberühmte »Neue MoMA« dazwischengeschmuggelt.

Der japanische Architekt Yoshio Taniguchi stand vor keiner leichten Aufgabe, als er 1997 den Zuschlag für einen Anbau an das Museum of Modern Art, kurz »MoMA«, erhielt – sein Anbau sollte stets an seinen berühmten Vorgängern gemessen werden.

Museumsbau als Kunstwerk

Bereits zehn Tage nach dem Börsenkrach 1929 hatte man erstmals Werke der Postimpressionisten ausgestellt, 1935 begann man mit dem Aufbau der heute hoch geachteten »Film Library«, und vier Jahre später zog die Sammlung in einen von Philip Goodwin und Edward Durell Stone geplanten Neubau im Internationalen Stil. Der weltberühmte Architekt Philip Johnson erweiterte den Museumsbau in den 1950er- und 1960er Jahren und fügte einen Skulpturengarten an. 1984 war es erneut ein Großer seines Fachs, Cesar Pelli, der die Ausstellungsfläche durch einen neuen Flügel verdoppelte und einen Wohnturm hochzog.

Als im November 2004 Yoshio Taniguchis Erweiterungsbau eröffnet wurde, war man erstaunt, da dieser weniger durch spektakuläre Architektur als vielmehr durch Zweckmäßigkeit und vornehme Zurückhaltung auffiel. Tiefschwarzer Granit, Alu und Glas kamen zum Einsatz, eine geräumige Lobby und ein hohes Atrium lassen das Museum hell und luftig wirken und geben den ausgestellten Kunstwerken von den 1880er-Jahren (Impressionismus) bis zur Gegenwart den passenden Rahmen.

Zeit für Kunstgenuss

In mehreren Museumsabteilungen auf sechs Ebenen wird im Hauptbau, dem »David and Peggy Rockefeller Gallery Building«, die umfangreiche Sammlung präsentiert, daneben gibt es mehrere Säle für Wechselausstellungen und großzügig proportionierte Galerien für zeitgenössische Kunst. Restaurants wie der edle »Bar Room« sorgen für das leibliche Wohl. Ebenfalls neu gestaltet wurde der Sculpture Garden, in dem

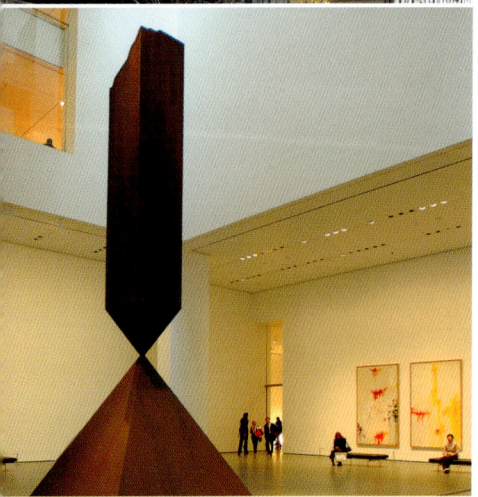

Schon von außen sehenswert: das MoMA, Museum of Modern Art (oben). Hier kann der Kunstfreund in mehreren Museumsabteilungen auf sechs Stockwerken die umfangreiche Sammlung moderner und zeitgenössischer Kunst genießen (unten und. rechts unten). Auch das Museum for Folk Art lohnt einen Besuch (rechts oben).

unter anderem die berühmte Ziege von Pablo Picasso zu sehen ist.

Die Sammlung gliedert sich in mehrere große Sparten: Malerei und Skulptur, Druckgrafik und Buchillustration, Grafik, Architektur und Design, Fotografie, Film und Medien. Der Rundgang beginnt mit Kunstwerken des Impressionismus, darunter Klassiker wie van Goghs »Sternennacht«, Monets »Seerosen« und »Der Tanz« von Matisse sowie Werke von Toulouse-Lautrec, Cézanne oder Gaugin. Den Expressionismus vertreten Kunstwerke von Kokoschka oder Kirchner, und natürlich fehlen weder kubistische Gemälde (von Severini, Boccioni, Carrà u.a.) noch bedeutende Arbeiten der russischen Avantgarde (Malewitsch, Lissitzky), Bilder von Mondrian, Picasso, Klimt, Matisse, Chagall oder Magritte

sowie von den Surrealisten (Dalí, Miró, Ernst). Zudem sind in einer anderen Abteilung Kunstwerke aus der zweiten Hälfte des 20. Jahrhunderts mit berühmten Namen wie Bacon, Pollock, de Kooning, Rothko, Jasper Johns, Rauschenberg, Lichtenstein, Warhol, Oldenburg oder Beuys ausgestellt.

Die Foto-, Film- und Grafiksammlungen des MoMA gelten ebenfalls als hochkarätig. Wer sich für Gegenwartskunst und moderne Medien begeistert, sollte dem mit dem Museum verbundenen P.S.1. Contemporary Art Center in Queens einen Besuch abstatten.

Im MoMA selbst lohnen am Ende des Besuches auf jeden Fall ein Blick in einen der Museumsläden und/oder ein Besuch des ausgezeichneten Restaurants »The Modern«.

SPEZIALMUSEEN IM UMKREIS DES MOMA

In Nachbarschaft zum MoMA findet man mehrere kleinere Spezialmuseen: Gleich daneben steht das **American Folk Art Museum**, das zu den führenden Museen für nordamerikanische Volkskunst und sogenannte naive Kunst gehört. Gegenüber eröffnete das **Triennale Design Museum** (40 W. 53rd St.), eine Filiale des gleichnamigen Mailänder Museums. Das **Paley Center for Media** informiert unter Einsatz verschiedenster Medien über die Unterhaltungs- und Nachrichtenbranche von den Anfängen bis heute. Das Archiv umfasst mehr als 100 000 Aufnahmen, im 200-Plätze-Theater finden Vorträge und Veranstaltungen statt.

WEITERE INFORMATIONEN ZUM MOMA

11 West 53rd Street, www.moma.org, Mi–Mo 10.30–17.30 Uhr, $ 20, Fr 16–20 Uhr freier Eintritt.

American Folk Art Museum: 45 West 53rd Street/6th Avenue, wwwfolkartmuseum.org
Triennale Design Museum: 40 West 53rd Street, www.triennaledesignmuseum.it
Paley Center for Media: 25 West 52nd Street, www.paleycenter.org

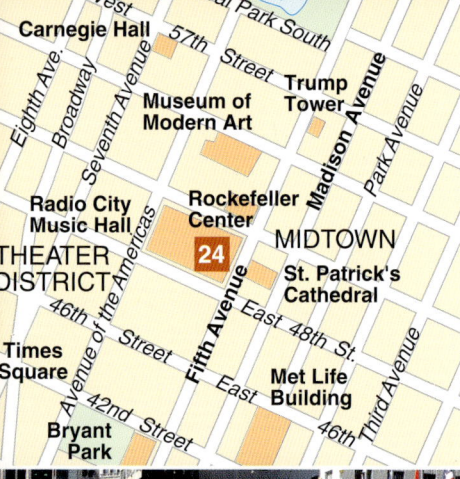

24 Rockefeller Center

Stadt in der Stadt

Es war eine private Passion und ein Arbeitsbeschaffungsprojekt in einem: das Rockefeller Center. 1928 hatte der Industrielle John D. Rockefeller jr., jenes Grundstück erworben, auf dem sich vormals der botanische Garten der Columbia University ausgebreitet hatte. Geplant war zunächst ein Opernhaus, doch angesichts der Wirtschaftskrise änderte Rockefeller sein Vorhaben, und 1931 begann man mit dem Bau eines Mehrzweckkomplexes.

Nach dem Entwurf eines Architektenteams unter Raymond Hood (1881 bis 1934), der für seine Art-déco-Bauten bekannt war, entstand der erste, privat finanzierte »Multipurpose Complex« oder »Multiplex« der Welt. Dieses Vorhaben glich einem Arbeitsbeschaffungsprogramm, denn bis 1940 entstanden nach und nach 14 Einzelbauten, zwischen 1957 und 1973 fügte man sieben weitere Gebäude hinzu. Am Schluss bildeten 21 unterschiedlich genutzte Hochhäuser ein architektonisches Gesamtensemble, das 1985 zum nationalen Kulturdenkmal erklärt wurde. Die Ausstellungsflächen, Büros, Studios, Läden, Restaurants etc. sind durch Tunnels miteinander verbunden.

Gesamtkunstwerk im Art-déco-Stil

Das Ensemble schmücken innen wie außen zahlreiche Kunstwerke, zum Beispiel ein großes Mosaik mit dem Titel »Intelligence Awakening Mankind« (1933) über dem Eingangsbereich an der Avenue of the Americas und ein Stahlrelief, genannt »News«, am Haupteingang des Associated Press Buildings (50 Rockefeller Center). Die 1937 geschaffene, viereinhalb Meter große Bronzestatue eines Atlas, der die Weltkugel stemmt, schmückt den Haupteingang des International Building an der Fifth Avenue.

Bei Besuchern wie Einheimischen beliebt ist das Areal um die Sunken Plaza mit Eislauffläche und Weihnachtsdekoration im Winter bzw. Café und üppigem Blumenschmuck im Sommer. Beherrscht wird der Platz von der markanten Goldstatue des jungen Prometheus, Teil eines Brunnens von 1934. Hinter ihm wird seit 80 Jahren immer zur Weihnachtszeit ein über 20 Meter hoher Christbaum aufgestellt, den 26 000 Glühbirnen beleuchten.

An der hier verlaufenden Ladenpromenade zur Fifth Avenue befinden sich die

Markanter Punkt des Rockefeller Center ist die berühmte Sunken Plaza mit dem goldenen Prometheus, wo zur Weihnachtszeit ein über 20 Meter hoher Christbaum aufgestellt wird (oben und rechts unten). Die Art-déco-Bauten sind üppig mit Skulpturen verziert (unten). Juwelier an Juwelier findet man in der Diamond Row (rechts oben).

NBC-Studios mit ihrem berühmten »Schaufenster«. Viele amerikanische Besucher pilgern, oft mit Transparenten ausgestattet, allmorgendlich hierher, um sich vor den Studiofenstern zu positionieren, wenn dahinter die »NBC Today Show« aufgenommen wird, bei der häufig die Kamera ins Publikum draußen schwenkt. In der Lobby des General Electric (GE) Building beginnen auch die Führungen durch die NBC-Studios.

New York aus der Vogelperspektive

Es ist ein eigenartiges Gefühl: Scheinbar auf dem Oberdeck eines Ozeandampfers stehend, blickt man statt auf die endlose Weite des Meeres auf ein Meer von Wolkenkratzern. Möglich ist das auf dem dominanten und zugleich einem der ältesten Bauten des Rockefeller Center, dem GE Building.

Seit Herbst 2005 kann man zusätzlich zu dem geschlossenen »Grand Viewing Room« im 67th/69th Floor wieder die 1933 erbaute Aussichtsplattform »Top of the Rock« betreten. Von dort bietet sich aus etwa 260 Metern Höhe ein großartiger Ausblick – bis zu 130 Kilometer weit. Aber nicht nur das: Das offene Aussichtsdeck im 70th Floor, schnell mit dem topmodernen Aufzug »Sky Shuttle« erreicht, sorgte bereits bei der Eröffnung für Aufsehen, da es dem Oberdeck eines Kreuzfahrtschiffes im Art-déco-Stil nachempfunden ist, samt Stühlen, Kaminen und anderen eleganten stiltypischen Details. Im 65. Stock liegt der berühmte »Rainbow Room«, einst legendärer Supper Club mit rotierendem Tanzboden und Big-Band-Auftritten, Bar, Kabarett und Restaurant in einem. Leider ist er seit 2009 geschlossen, und seine Zukunft ist ungewiss.

EDELSTEINE UND JUWELEN

Einen Block südlich des Rockefeller Center glitzert und blinkt es in den Schaufenstern: Hier, West 47th Street zwischen 5th und 6th Avenue, befindet sich die **Diamond Row**, das auch als »Diamond & Jewelry Way« bekannte Zentrum des New Yorker Diamantenhandels. In den 1930er-Jahren siedelten sich in dieser Straße zahlreiche Juden an, mit ihnen verlagerte sich das bisherige Diamantenzentrum von der südlichen Bowery nahe der Canal Street hierher.

WEITERE INFORMATIONEN ZUM ROCKEFELLER CENTER

Rockefeller-Center-Tour (inkl. Top of the Rock), ab Top of the Rock Box Office, 50th Street/5th–6th Avenue, www.rockefellercenter.com/tour-and-explore/rockefeller-center-tour
NBC-Studiotouren: Rockefeller Center/NBC Studios, 30 Rockefeller Plaza, www.nbcuniversalstore.com, Führungen Mo–Do 8.30–17.30, Fr, Sa 8.30–18.30, So 8.30–16.30 Uhr ab NBC Experience Store (49th Street/5th–6th Avenue)
Top of the Rock:
www.topoftherocknyc.com, Zugang: West 50th Stret/5th–6th Avenue, tgl. 8–24 Uhr (ltz. Aufzug 23 Uhr), $ 23

Reklame hat die Radio City Music Hall längst nicht mehr nötig. Seit ihrer Eröffnung 1932 gilt die Konzerthalle als »Palace for the People«, da sich jedermann ein Ticket für die Vorführungen dort leisten konnte (alle Bilder). Traditionell findet seit 1933 das Radio City Christmas Spectacular mit den Rockettes statt (rechts oben).

25 Radio City Music Hall

»Palace for the People«

Die Radio City Music Hall, an der Westseite des Rockefeller Center an der Avenue of the Americas gelegen, ist ebenfalls Bestandteil des Komplexes. Die berühmte Bühne, kurz »RCMH« genannt, erhielt ihren Namen von den ersten Mietern, der »Radio Corporation of America« (RCA). An der Realisierung der Kultureinrichtung beteiligt war neben Rockefeller auch Samuel »Roxy« Rothafel, der schon 1927 das »Roxy Theatre« nahe dem Times Square ins Leben gerufen hatte. Zusammen verwirklichten sie sich mit der Bühne einen Traum und schufen ein einzigartiges Theater, einen »Palace for the People«, zu dessen Vorführungen sich jedermann ein Ticket leisten konnte.

Mit einer aufwendigen, schillernden Show mit den Tanzstars Ray Bolger und Martha Graham wurde im Jahr 1932 die neue Konzerthalle als größte Bühne der Welt mit fast 6000 Publikumsplätzen eröffnet. Doch der große Erfolg als Theater blieb aus. Mangels Zuspruch wurde die Halle schon wenige Jahre später zum Kino umgewandelt und als solches bis zur Schließung 1979 betrieben. Der drohende Abriss konnte damals gerade noch abgewendet werden, doch erst 1997 ging es wieder aufwärts. Damals erwarb »Cable TV« das Gebäude, um es in großem Umfang zu restaurieren und renovieren. Die im Jahre 1999 wiedereröffnete Radio City Music Hall gehört heute wieder zu den Hauptattraktionen und Schmuckstücken der Stadt.

Meisterstück im Art-déco-Stil

Das größte geschlossene Theater der Welt fällt von außen lediglich wegen seiner bunten Leuchtreklameschilder und der drei Niken, geschaffen von dem Künstler Jim Dine, an der Fassade ins Auge. Ansonsten ist das Gebäude architektonisch eher unauffällig. Anders verhält es sich mit seiner Innenausstattung – sie fällt aus dem Rahmen: Die zeitlos-kunstvollen Art-déco-Details stammen von dem Designer Donald Deskey (1894–1989), der dafür wertvolle Materialien wie Marmor und Blattgold mit Industriematerialien wie Bakelit, Aluminium oder Kork kombinierte. Goldene Decken und ein Wandbild im Treppenhaus, Reliefs an den Türen, geschmackvolle Lampen und ein eleganter Bodenbelag vermitteln noch heute das Gefühl,

als würde man hier in eine andere, prächtige Welt eintauchen.

Der glänzende Goldvorhang vor der Bühne gilt als weltweit größter, und die »Mighty Wurlitzer«-Orgel war einst die größte Orgel in einem Kino. Mehr als 25 000 Lampen beleuchten das Theater, und die Bühne von Peter Clark mit mehreren separat hydraulisch beweglichen Teilen ist die größte (20 mal 44 Meter) und eine der technisch vorbildlichsten; sie steht seit 2001 unter Denkmalschutz. Ihre Technik war derart wegweisend, dass sie sogar die Ausstattung von Flugzeugträgern beeinflusste. Ein in der unteren Lobby ausgestelltes, voll funktionierendes Modell der Bühne fertigte Clark 1928 als Anschauungsobjekt für Rockefeller an.

Illustre Gästeliste

Die Radio City Music Hall war und ist ein Magnet für Stars aller Sparten. Während der Goldenen Jahre des Kinos waren es Schauspieler wie Douglas Fairbanks jr., Mary Pickford, Barbara Stanwyck, Jimmy Stewart oder Cary Grant, die »vorbeischauten«. Frank Sinatra, Ella Fitzgerald, Linda Ronstadt, Bill Cosby, Liberace, Sammy Davis jr., John Denver, The Count Basie Orchestra, José Carreras, Ray Charles und B. B. King gaben sich die Ehre, und Bette Midler, Stevie Wonder, Billy Crystal, Barry Manilow, Liza Minnelli, Sting und Celine Dion sangen schon hier.

In den letzten Jahren wurden in der Radio City Music Hall Grammy's und Tony's, The MTV Video Music Awards und ESPN Awards verliehen. Daneben finden Sportevents und Parteiversammlungen statt. Besonders berühmt und beliebt ist seit 1933 jedoch die Weihnachtsrevue »Radio City Christmas Spectacular« mit der weltberühmten Tanztruppe »Rockettes«.

DIE BERÜHMTEN »ROCKETTES«

Eine Tradition in der RCMH ist seit 1933 die 90-minütige Weihnachtsrevue »Annual Radio City Christmas Spectacular« mit den »Rockettes«, 32 Tänzerinnen, deren »Slow Motion Fall«, ein Umkippen der aufgereihten Damen in Zeitlupe, berühmt ist. Es gibt mehrere Szenen mit aufwendigen Bühnendekorationen samt Christbäumen, Santa-Claus-Kutschen und anderen New Yorker Weihnachtsbräuchen.

Acht Wochen lang, von Anfang November bis Ende Dezember, läuft die Weihnachtsshow, und Jahr für Jahr finden sich an die zwei Millionen Zuschauer ein. Die Tanzgruppe war von Russell Markert gegründet worden, inspiriert von den Tanzgirls der »Ziegfeld Follies«. Er nannte sie, da in St. Louis zu Hause, »Missouri Markets«. 1925 zog die Truppe nach New York um. Zunächst trat sie als »Roxyettes« im Roxy Theatre auf, 1932 folgte der erste Auftritt in der RCMH, 1934 taufte sie sich in »Rockettes« um.

WEITERE INFORMATIONEN ZUR RADIO CITY MUSIC HALL

6th Avenue/50th–51 Street,
www.radiocity.com,
Führungen tägl. 11–15 Uhr, $ 22,50
Radio City Christmas Spectacular:
www.radiocitychristmas.com

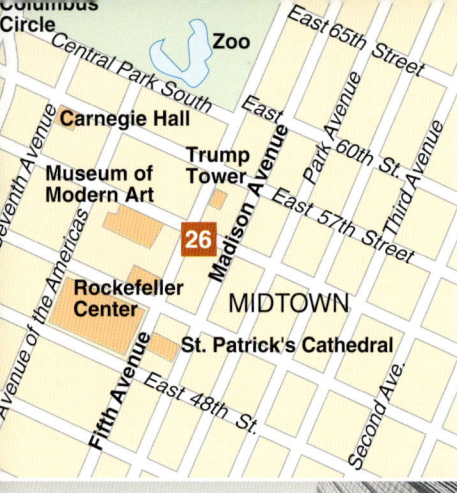

26 | Fifth Avenue

New Yorks Promeniermeile

Upper Midtown, das Gebiet zwischen Rockefeller Center und Central Park, ist das geschäftige Touristenzentrum der Stadt. Im Bereich zwischen Park Avenue, Fifth Avenue und Broadway reihen sich die meisten und exklusivsten Geschäfte, Restaurants und Cafés auf, und als kultureller Höhepunkt lädt das weltberühmte »MoMA« zum Besuch ein. Die Fifth Avenue selbst genießt seit Langem den Ruf als eine der Luxusmeilen der Welt und Treffpunkt der Reichen und Schönen, vergleichbar mit Champs-Elysées in Paris oder Via Veneto in Rom.

Im Jahr 1811, als New York gerade etwas mehr als 100 000 Einwohner zählte, wurde die Fortsetzung der Bebauung des Stadtgebietes auf Grundlage eines rechtwinkligen Rasters nach Norden beschlossen. Doch bis in die 1950er-Jahre zog kaum jemand ins Gebiet nördlich der 50th Street. 1862 ließ sich dann die in der Society hoch geachtete Caroline Schermerhorn Astor dort eine Mansion bauen, und ihr folgten andere Familien der New Yorker Oberschicht: Carnegie, Frick, Vanderbilt und Rockefeller.

Die bekanntesten New Yorker Architekten wurden von den wohlhabenden Bauherren beauftragt, repräsentative Villen in verschiedensten Neo-Stilen zu bauen. Diese verhalfen der Straße zum Beinamen »Millionaire's Row«. Heute existieren nur noch ein paar der alten Repräsentativbauten, v. a. Hotels, doch auch die feinen Apartmenthäuser, die diese im Laufe der Jahre ersetzt haben, lassen ahnen, wie es sich gut leben ließ und lässt.

Bummeln auf der Luxusmeile

Auf der Ostseite des Rockefeller Center beginnt der luxuriöseste und meistgefilmte Abschnitt der Fifth Avenue, mit Nobelläden wie Rodier, Saks Fifth Ave., Apple Store oder der Juwelier Tiffany & Co. Letzterer, 1837 gegründet, wurde durch Truman Capotes Film »Frühstück bei Tiffany« weltberühmt. FAO Schwarz – das Spielzeugparadies für Groß und Klein – oder der Trump Tower, eine exklusive Shoppingmall rings um ein glitzerndes Atrium aus Marmor und Gold – all diese Konsumtempel fordern geradezu zum Geldausgeben auf.

Nächtigen wie ein König

Den markanten Schlusspunkt der Shoppingmeile setzt die Grand Army Plaza

Die Fifth Avenue genießt dank exklusiver Kaufhäuser, Läden und Boutiquen den Ruf, eine der Luxusmeilen der Welt und Treffpunkt der Reichen und Schönen zu sein (oben und unten).
Der Abschnitt der Fifth Avenue um das Flatiron Building wurde einst »Ladies' Mile« genannt und erlebt heute ein Revival (rechts).

Im Olympic Tower befindet sich das Büro der berühmten Basketballliga NBA (National Basketball Association, oben). Das Waldorf=Astoria ist eines der berühmtesten und traditionsreichsten Hotels der Stadt (rechts oben und rechte Seite unten). Zu den legendären Geschäften an der Fifth Avenue gehört Tiffany & Co. (oben).

mit dem Plaza Hotel, einer der legendären Herbergen von New York. 1907 für 12,5 Millionen Dollar erbaut, galt es lange als exklusivste und beste Herberge der Welt. Überraschend schloss das Hotel dann Ende April 2005 seine Pforten und sollte komplett in Eigentumswohnungen und Läden umgewandelt werden. Nach heftigen Protesten seitens der New Yorker und Eingreifen des Bürgermeisters fand man in letzter Minute einen Kompromiss: 348 der 805 Zimmer und 360 Arbeitsplätze blieben ebenso wie zwei bei New Yorkern heiß geliebten Einrichtungen, »Palmenhof« und »Oak Bar«, erhalten, der Rest wurde (bei geschätztem Quadratmeter-Preis von 20 000 Dollar) zur begehrten Immobilie. Um bei exklusiven Unterkünften zu bleiben: An der östlich zur Fifth Avenue parallel verlaufenden Park Avenue lädt das berühmte Hotel Waldorf=Astoria betuchte oder illustre Gäste ein. Der erste, 1893 errichtete Bau stand anstelle des Empire State Building und war 1929

abgerissen worden. 1931 entstand deshalb das heute erhaltene Art-déco-Juwel an der 49th Street mit über 1400 Gästezimmern und den besonders exklusiven Waldorf Towers. Heute gehört das Hotel zum Hilton-Konzern und benutzt noch immer den doppelten Bindestrich im Namen. Dieser war so berühmt, dass er sogar in einem Lied vorkam und von den New Yorkern als Slogan benutzt wurde: »Meet Me at the Hyphen!« (»Wir treffen uns beim Bindestrich!«) bezeichnete den Treffpunkt zwischen Waldorf und Astoria Hotel.

Architektonische Highlights

Zu den architektonischen Highlights um die Park Avenue gehört das Lipstick Building (855 3rd Avenue/53rd Street), ein Wegbereiter modernen Bauens, der 1987 von John Burgee Architects und Philip Johnson, dem Begründer der postmodernen Architektur, entworfen wurde. Nicht weit davon entfernt steht das schlicht-moderne Bauwerk des Citi-

corp Center (153 East 53rd Street/ Lexington Avenue), 1973 bis 1978 mit Aluminiumhaut im »Streifendesign« und weithin sichtbarem Schrägdach errichtet. Das Seagram Building (375 Park Avenue/53rd Street) von 1958 gilt hingegen als Meilenstein des International Style und stammt vom Reißbrett des Meisters dieser Richtung: des deutschstämmigen Mies van der Rohe (1886 bis 1969), der bei diesem Projekt mit seinem Schüler Philip Johnson (1906 bis 2005) zusammenarbeitete.

Oasen der Ruhe

Ein interessantes Detail fällt am Citicorp Center ins Auge: die kleine St. Peter's Lutheran Church, die sich unter das moderne Hochhaus zu ducken scheint. Sie wurde – eine Auflage beim Neubau-

projekt – als eigenständiger Bau an der Nordwestecke integriert.

Größenmäßig fällt auch das Gebäude gegenüber mit seiner schlichten Fassade kaum auf, wären da nicht die Zwillingstürme mit Zwiebeldächern und andere »exotische« Details im neomaurischen Stil. Es handelt sich um die Central Synagogue (652 Lexington Avenue/ 53rd Street), die älteste kontinuierlich genutzte Synagoge der Stadt. 1846 war auf Initiative böhmischer Zuwanderer in der Lower East Side eine jüdische Gemeinde entstanden. Ab 1870 ließ sie nach Plänen von Henry Fernbach, einem schlesischen Einwanderer, eine neue Synagoge erbauen. Der Baustil erinnert an das jüdische Erbe in Spanien, als direktes Vorbild diente jedoch die Große Synagoge in Budapest.

27 St. Patrick's Cathedral

Bollwerk im Stadttrubel

Gegenüber dem Komplex des Rockefeller Center, an der Ostseite der geschäftigen Fifth Avenue, also mitten im Trubel von Midtown, ragt wie ein Fels in der Brandung die St. Patrick's Cathedral in den Himmel. Die katholische Kathedrale, die 1879 im neogotischen Stil erbaut wurde, nimmt sich heute angesichts der umgebenden Wolkenkratzer, deren Glas-Stahl-Konstruktionen die Blicke auf sich lenken, nahezu bescheiden aus.

Die St. Patrick's Cathedral mag zwar im Schatten des benachbarten Olympic Tower stehen, ist aber trotzdem eine der größten katholischen Kathedralen der USA (oben). Auch im Inneren ist das 120 Meter lange und 53 Meter breite Gotteshaus aufwendig ausgestattet (rechts unten). Der Chor von St. Patrick's (rechts oben).

Bei »St. Pat's«, wie die New Yorker die Kirche liebevoll nennen, handelt es sich um eine der größten katholischen Kathedralen der USA, allein schon wegen der Sitzplatzkapazitäten von rund 2500. Im Jahr 1850 hatte der New Yorker Erzbischof John Hughes dem bekannten lokalen Architekten James Renwick (1818–1895) den Auftrag erteilt, eine Hauptkirche für die Erzdiözese New York zu bauen.

New Yorks katholische Kathedrale

Allerdings sollte es einige Zeit dauern, bis das Vorhaben in die Tat umgesetzt werden konnte. Nachdem 1858 endlich die Grundsteinlegung erfolgt war, ließen aufgrund des amerikanischen Bürgerkriegs (1861–65) die Fertigstellung und Einweihung bis zum Jahr 1879 auf sich warten. Noch länger – bis in die späten 1880er-Jahre – sollte es dauern, ehe die beiden rund 100 Meter hohen Türme mit ihren 19 Glocken standen, und in

der Lady Chapel wurde gar erst 1906 der erste Gottesdienst gefeiert.

Das 120 Meter lange und 53 Meter breite Gotteshaus wurde aus weißem Marmor aus New York State und Massachusetts erbaut. Allein die mächtige Rosette von Charles Connick über dem Hauptzugang mit mächtigen Bronzetüren misst acht Meter im Durchmesser. Auch die Innenräume wurden aufwendig ausgestattet: Zu den Kirchenschätzen gehören die Orgel mit sagenhaften 7855 Pfeifen, eine Pietà – drei Mal so groß wie das Vorbild von Michelangelo – von 1906 in der Lady Chapel und ein Baldachin über dem Hochaltar aus Bronze. Der Kreuzweg wurde mit holländischen Reliefs geschmückt, und zwei der Altäre (St. Michael und St. Louis) stammen aus der Werkstatt des bekannten Jugendstilkünstlers Louis C. Tiffany (1848–1933). Elizabeth Ann Seton (1774–1821) ist ein eigener Schrein gewidmet. Sie war 1975 als erster Bürger

der »Neuen Welt« heiliggesprochen worden und gilt seither als New Yorks Stadtheilige. An den viel umjubelten Besuch von Papst Johannes Paul II. im Jahr 1978 erinnert eine Büste im Ostteil der Kathedrale.

Der Olympic Tower

Moderne Architektur und historische Bauwerke können eine gelungene Symbiose eingehen, wie der sich neben der St. Patricks's Cathedral erhebende Olympic Tower (645 5th Avenue) belegt. Der 1975 nach Plänen des berühmten Architekturbüro SOM (Skidmore, Owings and Merrill) im »International Style« erbaute Turm erinnert an Chicagos Wahrzeichen, den Willis Tower und das John Hancock Center, beide vom Reißbrett derselben Architekturfirma.

Viele kennen den Olympic Tower deswegen, weil hier die berühmteste Basketball-Profiliga der Welt, die NBA (National Basketball Association) und ihr »weibliches« Tochterunternehmen WNBA (Womens National Basketball Association) ihre Zentralen unterhalten. Doch wer weiß schon, dass einst zu den Bauherren der griechische Reeder Aristoteles Onassis (1906–1975) gehörte? An ihn erinnert das Onassis Cultural Center im Untergeschoss. Dort gibt es ein Veranstaltungsprogramm, Wechselausstellungen und den »Hellenic Museum Shop« mit Abgüssen berühmter antiker Meisterwerke. Nachbildungen des Bildschmucks des weltberühmten antiken Athener Parthenons geben bereits im Foyer einen Vorgeschmack auf das, was kommt.

SAKRALE UND LEIBLICHE GENÜSSE

In der St. Patrick's Cathedral werden mehrmals täglich Gottesdienste gefeiert, außerdem werden in der Kirche regelmäßig Konzerte veranstaltet. Besonders berühmt ist der Chor, der Choir of Saint Patrick's Cathedral. Chor-, Orgel- und Kammermusikkonzerte finden meist donnerstags um 19 Uhr statt und sind großteils kostenlos.
Fürs leibliche Wohl bietet sich im Olympic Tower **The Atrium Café** an. Zu den guten und preiswerten griechischen Gerichten wie Souvlaki mit Tzatziki, Pasticcio, Spanakopita und vielerlei Mezedes gibt es mittags gratis Piano-Musik.

WEITERE INFORMATIONEN

St. Patrick's Cathedral:
14 East 51st Street, tägl. 6.30–20.45 Uhr,
Gottesdienste und Konzertprogramm:
www.saintpatrickscathedral.org
Onassis Foundation Olympic Tower:
www.onassisusa.org/olympic_tower.php?m=2&h=2

28 Grand Central Terminal

Kathedrale für die Eisenbahn

Nicht ohne Grund wurde der Grand Central Terminal einst ehrfurchtsvoll als »Kathedrale für die Eisenbahn« bezeichnet. 1913 als wichtiger Überlandbahnhof der Stadt erbaut, steht er in einer Reihe mit historischen amerikanischen Bahnhöfen wie Bostons South Station (1898), Kansas Citys Union Station (1914), Philadelphias 30th Street Station (1933), Seattles King Street Station (1906) oder Washingtons Union Station (1909). Sie alle rufen, und das nicht unbeabsichtigt, Reminiszenzen an Gotteshäuser wach.

Statuengruppe von Merkur, Herkules und Minerva über einer Uhr am Haupteingang des Grand Central Terminal an der 42nd Street (oben). Einst war der Bahnhof vom Abriss bedroht, heute unter anderem von MTA, der Nahverkehrsgesellschaft, genutzt (oben). Wer hier steht, kann sich des sakralen Charakters der Haupthalle nicht erwehren (rechts).

Wer im Grand Central Terminal steht, kann sich des sakralen Charakters der Haupthalle nicht erwehren. Man hat das Gefühl, nicht in einem Bahnhof, sondern eben in einem Gotteshaus zu stehen. Die Halle mit ihrem Tonnengewölbe und drei 23 Meter hohen Bogenfenstern lenkt den Blick automatisch nach oben zum mit Tierkreiszeichen und Himmelskonstellationen ausgeschmückten funkelnden Sternenhimmel an der Decke.

Goldenes Eisenbahnzeitalter

Einst fuhren von diesem Bahnhof berühmte Überlandexpresszüge, wie der »Twentieth Century Limited« nach Chicago, ab. Auf dem Höhepunkt des Eisenbahnzeitalters in den 1940er-Jahren frequentierten an einem einzigen Tag bis zu 200 000 Reisende den Bahnhof. Heute geht wieder täglich fast eine halbe Million Menschen im Bahnhof ein

und aus, allerdings steuern die Züge jetzt nur noch Ziele im Umland New Yorks an.

Nicht nur die Ästhetik war bei der ursprünglichen Planung maßgeblich, sondern auch die Infrastruktur, die technischen Aspekte. So wurden Fußgängerzugänge, Bahnverkehr und Pkw-Zufahrt auf verschiedene Ebenen verteilt und durch ausgeklügelte Treppen- und Rampensysteme miteinander verbunden. Die Gleise liegen alle im Untergrund, die tiefste Ebene nimmt die Subway in Anspruch. Eine Etage höher, wo einst die Überlandzüge hielten, verkehren heute die Nahverkehrszüge der Metro-North Railroad nach Norden. Der Außenbau basiert auf einem Stahlgerippe mit Granit- und Marmorverkleidung, und über dem Haupteingang an der 42nd Street grüßt eine kolossale Skulpturengruppe von Merkur, Herkules und Minerva.

Der Grand Central Terminal ist mehr als ein Bahnhof, hier gibt es Restaurants und Cafés sowie Läden und sogar einen Gourmet-Markt namens »Grand Central Market« (oben). Die Bogenfenster in der Haupthalle sind 23 Meter hoch (rechts und rechte Seite). Auch von außen ist er imposant. (rechte Seite unten) In der Oyster Bar (rechts oben).

Zweckbauten mit ästhetischem Anspruch

Von der Jahrhundertwende bis in die 1940er-Jahre war die Eisenbahn als Transportmittel derart wichtig und beliebt, dass man Bahnhöfe nicht als bloße Zweckbauten ansah wie heutzutage, sondern ihnen die Gestalt von Kathedralen gab. In ebendiesem Sinne plante man auch den New Yorker Central Terminal, der 1913 eröffnet wurde, jedoch nicht der erste Bahnhof der Stadt war. Das Eisenbahnzeitalter hatte nämlich schon 1831 mit der New York & Harlem Railroad begonnen, deren erster Bahnhof an der 4th Avenue/23rd Street lag. Im Laufe der Zeit waren mehr und mehr Linien dazugekommen, und mit ihnen wuchsen die Probleme: Lärm, Dreck und Unfälle sorgten dafür, dass ab 1858 Dampfloks südlich der 42nd Street verboten wurden und ein neuer Bahnhof notwendig wurde.

»Commodore« Cornelius Vanderbilt (1794–1877), seit den 1860er-Jahren einer der großen Eisenbahnmagnaten und Besitzer der New York Central Railroad, erwarb daraufhin Land zwischen 42nd und 48th Street, Lexington und Madison Avenue, um hier einen großen Bahnhof errichten zu lassen. Der wurde im Oktober 1871 für drei verschiedene Linien – New York Central & Hudson Railroad, New York & Harlem Railroad sowie die New York, New Haven & Hartford Railroad – eröffnet. Obwohl die Errichtung über sechs Millionen Dollar gekostet hatte, war der Bau von Anfang an zu klein, und ungeachtet dessen, dass seine Glas- und Stahlkonstruktion neben Eiffelturm und Kristallpalast als eine der größten technischen Errungenschaften der Jahrhundertwende gefeiert wurde, musste rasch gehandelt werden.

Spektakulärer Neubau

1903 erhielten nach einer Ausschreibung Reed & Stem aus St. Paul/Minnesota sowie Warren & Wetmore aus New York, beide wohl aufgrund ihrer familiären Verbindungen zu Vanderbilt, den Zuschlag für einen großen Neubau. Die zwei Büros schlossen sich 1904 zu den Associated Architects of the Grand

Central Terminal zusammen und begannen schon während der Planungsphase mit dem Bau, bei laufendem Betrieb. Am 2.2.1913 wurde die Eröffnung des (noch unfertigen) Bahnhofs gefeiert. Im Umkreis des neuen Verkehrsknotenpunkts entstanden Hotels, Apartments, Geschäfte, Restaurants und Lagerhallen, der Bahnhof fungierte als Kulturtreff mit Ausstellungen, Theater, Kino und Museum.

Von der Grand Central Station verkehrten nicht nur Überlandzüge, es waren zudem ein Nahverkehrszentrum und ein Güterumschlagplatz entstanden. 1947, auf dem Höhepunkt des Eisenbahnzeitalters in den USA, frequentierten bereits über 65 Millionen Passagiere den Bahnhof; an einem einzigen Tag, dem 3.7.1947, wurde ein Rekord von 252 251 Passanten aufgestellt.

Rettung in letzter Sekunde

In den 1950er-Jahren verfiel mit dem Niedergang der Eisenbahn auch der

Grand Central Terminal. Schließlich sollte er abgerissen und durch Büros ersetzt werden. Der hintere Teil war bereits dem PanAm (heute MetLife) Building gewichen, als die New Yorker den Exodus abwenden konnten. Nachdem bereits 1967 die alte Penn Station abgerissen worden war, gründete man die Landmark Preservation Commission. Prominente, allen voran Jacqueline Kennedy Onassis, setzten sich für eine Restaurierung ein und trugen dazu bei, dass der Bahnhof 1978 unter Denkmalschutz gestellt wurde.

1983 ging der Bau in den Besitz von Metro-North über, und 1988 wurden zwei renommierte Architekturbüros (Beyer Blinder Belle und Williams Jackson Ewing) damit beauftragt, grundlegende Renovierungspläne vorzulegen. 1990 wurde das $ 425 Millionen-Dollar-Projekt publik gemacht, und zwischen 1996 und 1998 wurde der Bahnhof renoviert, sodass er heute wieder in altem Glanz erstrahlt.

VIEL GEBOTEN IM GRAND CENTRAL TERMINAL

Audiotouren führen Besucher durch den Bahnhof, die Geräte mit Kopfhörern sind tägl. 9–19.30 Uhr an einem Schalter mit der Aufschrift »GCT Tour« im Main Concourse (Haupthalle) erhältlich; die Touren können auch auf den iPod heruntergeladen werden. Es kommen nicht nur architektonische Highlights zur Sprache, sondern auch Eisenbahngeschichte und diverse Anekdoten. Es gibt die Tour in zwei Längen und auch auf Deutsch. Stärkung bieten die altehrwürdige **Grand Central Oyster Bar** oder der **Grand Central Market**, eine attraktive Ladenstraße mit verschiedenen Imbissgelegenheiten. Das **New York Transit Museum** ist die kleine Filiale des Museums in Brooklyn. Es befasst sich mit Zukunftsprojekten des New Yorker Nahverkehrs.

WEITERE INFORMATIONEN ZUM GRAND CENTRAL TERMINAL

42nd Street/Park Avenue,
www.grandcentralterminal.com
Touren: www.grandcentralterminal.com/info/audiotour.cfm
Grand Central Oyster Bar:
www.oysterbarny.com
New York Transit Museum:
www.mta.info/mta/museum

Dass der Bauherr des Chrysler Buildings der Automobilfabrikant Chrysler war, zeigen Details wie hier eine Kühlerfigur (oben). Das Innere des Wolkenkratzers präsentiert aufwendiges Art-déco-Dekor, z.B. an den Fahrstühlen (unten).

29 Chrysler Building

New Yorks schönster Wolkenkratzer

In Sichtweite des UNO-Komplexes ragt einer der schönsten und bekanntesten Wolkenkratzer New Yorks in den Himmel: das Chrysler Building. Wer sich bei Betrachtung der Details an einen der »Straßenkreuzer« erinnert fühlt, liegt nicht falsch. Bauherr dieses Musterbeispiels des Artdéco war Walter P. Chrysler (1875–1940), der bei der Eisenbahngesellschaft Union Pacific begonnen und 1925 seine eigene Automobilfirma gegründet hatte. Er erteilte 1929 dem Architekten William Van Alen den Auftrag, ein Gebäude zu errichten, das das »Golden Age« des Automobils symbolisieren sollte.

Das Hochhaus wurde diesem Wunsch entsprechend aus dem gleichen rostfreien Stahl wie ein Autokühler erbaut, Mauervorsprünge wurden zu Kühlerhauben stilisiert, und die Wasserspeier ähneln bei genauem Hinsehen Kühlerfiguren.

Kathedrale der Lüfte

Ein Ziel Chryslers war es aber auch, das höchste Gebäude der Welt zu schaffen. Nach einem spannenden Wettlauf um Höhenmeter mit dem Bank of Manhattan Building (40 Wall Street) war bei der Eröffnung im Jahr 1930 das Chrysler Building mit seinen 76 Stockwerken und 320 Metern Höhe tatsächlich das weltweit höchste Bauwerk, wenn auch nur für knapp ein Jahr. 1931 nämlich wurde die »Kathedrale der Lüfte« von einem weiteren New Yorker Markenzeichen, dem Empire State Building, in den Schatten gestellt. Bis 1973, dem Eröffnungsjahr der World-Trade-Center-Türme, galt dann dieser 110-stöckige Bau mit seinen 381 bzw. knapp 450 Metern samt Antenne als höchstes Gebäude der Welt.

Auch im Inneren des Chrysler Buildings wurde nicht gespart, wie ein Blick in die Lobby zeigt: die Intarsien an den Aufzugstüren, die Marmorverkleidung der Wände und die Deckengemälde zum Transportwesen sind aufwendige Kunstwerke. Übrigens: Chrysler selbst zog hier nie ein, und auch der Architekt wurde nicht glücklich mit seinem Bau, da er wegen Betrugsverdachts sein Honorar niemals überwiesen bekam.

Nur wenige Schritte entfernt steht der moderne Wolkenkratzer »425 Lexington Avenue«, der nur unter seiner Adresse

bekannt ist, in interessantem Kontrast zum Chrysler Building sowie zur Seitenfront des Grand Central Terminal. Zwischen 1983 und 1988 wurde er nach Plänen des in Chicago lebenden und tätigen österreichischen Architekten Helmut Jahn errichtet. Als »architektonische Säule« mit Sockel und vorspringender Bekrönung konzipiert, zeichnet diesen postmodernen Bau sein massig-blockartiges Äußeres mit durchgehender Verglasung aus.

Wohnen in Tudor City

Zwischen Chrysler Building und UN Complex am East River liegt mit Tudor City ein hufeisenförmig um die 42nd Street angelegter Gebäudekomplex, der zugleich eine ungewöhnliche Mustersiedlung darstellt. Mitte des 19. Jahrhunderts war diese Ecke der Stadt als »Prospect Hill« oder »Corcoran's Roost«, nach dem Schlafplatz eines

der ersten Bewohner, bekannt. In den 1920er-Jahren erwarb schließlich Immobilienmakler Fred F. French das heruntergekommene Areal und begann damit, seine Vision von einer Musterstadt in die Realität umzusetzen.

Tudor City, benannt nach dem damals beliebten, historisierenden englischen Tudor-Stil, der hier zur Anwendung kam, konnte bei der Eröffnung 1932 immerhin rund 4500 Bewohner aufnehmen. Auf zwölf Gebäude verteilten sich fast 3000 Wohnungen »vom Fließband«, geschaffen für Menschen der Mittelklasse. Deshalb gilt der Komplex als frühes Beispiel für sozialen Wohnungsbau und als Versuch der Stadterneuerung in den 1920er-Jahren.

Eine grüne Oase in der Betonwüste bildet noch heute der Tudor City Park; er bietet Besuchern von seiner erhöhten Terrasse einen Blick auf Queens und den East River.

Mit 320 Metern Höhe fällt der 1930 eröffnete Skyscraper nicht nur nachts ins Auge (links u. rechts oben) An der 42nd Street dominiert das 76-stöckige Chrysler Building, bei der Eröffnung 1930 New Yorks höchster Bau, eindrucksvoll die Skyline (oben). In der Mustersiedlung Tudor City gibt es sogar einen Park zum Erholen (unten).

30 UN-Komplex

Heimat der Vereinten Nationen

Es gibt einen Fleck in Manhattan, der gehört eigentlich gar nicht zu New York: der United Nations Complex. Das Areal befindet sich im Besitz der Staatengemeinschaft der UNO und geht auf eine Schenkung zurück. Die Familie von John D. Rockefeller jr. (1874–1960) hatte 1949 dazu beigetragen, dass das Gelände am East River im Wert von etwa sechs Millionen Dollar erworben werden konnte. Damit war der Weg für eine »internationale Zone« mit eigener Post, Feuerwehr, Flagge und eigenen Briefmarken gebahnt.

Kunstwerke aus aller Welt sind auf das Freigelände des UNO-Komplexes verteilt (oben). Blick in den prächtigen Versammlungsraum der Vereinten Nationen (unten). Die Bauten der UNO befinden sich auf einem kleinen Flecken Land am East River und bilden eine internationale Zone (rechs unten). In der Seilbahn nach Roosevelt Island (rechts oben).

Die United Nations Organization (UNO oder UN) war 1945 in San Francisco gegründet worden und hatte sich mit 51 Mitgliedern konstituiert. Vier Jahre später wählte man New York als ständigen Sitz. Der bis 1952 unter Leitung der Architekten Oscar Niemeyer aus Brasilien und dem Schweizer Le Corbusier erbaute UN-Komplex besteht aus mehreren Teilen, u.a. dem Sekretariatsgebäude, einem Konferenzgebäude mit großen Tagungssälen und dem öffentlich zugänglichen UN Headquarters Building.

Bei seiner Eröffnung 1951 wurde das General Assembly Building als architektonisch und technisch wegweisendes Gebäude in »Curtain Wall«-Bauweise gelobt, und auch die anderen Gebäude des Komplexes galten als vorbildlich. Da jedoch seither renovierungstechnisch nur wenig geschah und vor allem die technischen Einrichtungen dringend einer Modernisierung bedürfen, steht in nächster Zeit eine umfassende Renovierung an.

Wo die Welt zu Hause ist

Anlaufpunkt für Besucher und Startpunkt von Touren ist das General Assembly Building. An einer Längsseite dieses Gebäudes sind die Nationalflaggen der Mitgliedsstaaten aufgereiht, außerdem ist der ganze Komplex von mehreren Gartenanlagen, wie einem Rosengarten zum East River hin, umgeben. Über das Freigelände und die einzelnen Gebäude verteilt sind Kunstwerke, meist zum Thema Frieden und Völkervereinigung, zu sehen, zum Beispiel die »Reclining Figure« von Henry Moore (1982) und Wandbilder von Marc Chagall. Bei den Kunstwerken handelt es sich meist um Geschenke verschiedener Mitgliedsstaaten oder aber einzelner Stifter.

Die Organisation der UNO

Den Vorsitz hat der alle fünf Jahre ernannte UN-Generalsekretär, ihm untersteht ein Stab von mehreren Tausend Mitarbeitern. Die höchste Instanz ist der »Security Council« (Sicherheitsrat). Er besteht aus 15 Mitgliedern, fünf davon – China, Russland, USA, Großbritannien und Frankreich – permanent, der Rest – u.a. Deutschland – nicht ständig. Für Beschlüsse sind neun Ja-Stimmen nötig, darunter die fünf der permanenten Mitglieder. Bei der alljährlichen Sitzungsperiode der Vollversammlung, von September bis Weihnachten, werden die Beratungen aller Gremien in sechs offiziellen Sprachen – Englisch, Französisch, Spanisch, Russisch, Arabisch und Chinesisch – abgehalten. Kaum beachtet, doch wichtigstes und »fleißigstes« UN-Organ ist der Wirtschafts-

und Sozialrat. Finanziert werden die UN durch drei Budgets: Regular Budget für die Aufrechterhaltung des Betriebs, Peacekeeping Budget für den weltweiten Einsatz von Blauhelm-Truppen, und Program Budget für Unternehmungen wie UNESCO oder UNICEF.

Im Schatten des UN-Komplexes liegt die Japan Society (333 East 47th Street), 1907 zur Förderung des kulturellen Austauschs zwischen Japan und den USA gegründet. Den Bau mit Vortragssaal, Bibliothek, Sprachenzentrum, Gärten und Galerie für Wechselausstellungen errichteten 1971 die japanischen Architekten Junzo Yoshimura und George Shimamoto. Daneben steht die moderne katholische Kirche Holy Family Church, mit dem kleinem St. Mary's Garden, einem kaum bekannten kleinen Idyll im Großstadtrummel.

AUSFLUG NACH ROOSEVELT ISLAND

Mitten im East River liegt das gut drei Kilometer lange, aber nur ca. 250 Meter breite Roosevelt Island. 1686 hatte sich hier die Bauernfamilie Blackwell niedergelassen, der die Stadt das Land 1828 abkaufte. Man errichtete zunächst ein Gefängnis und Krankenhäuser, und der Name »Welfare Island« (»Wohlfahrtsinsel«) wurde gebräuchlich. In den 1950er-Jahren wurden die meisten Einrichtungen aufgegeben, und ab 1969 wurde die in »Roosevelt Island« umbenannte Insel zum »architektonischen Experimentierfeld« und »Musterobjekt«. Philip Johnson und John Burgee legten einen Masterplan für North und South Town vor, seither wird gebaut. Es ist eine kleine Stadt in der Stadt, mit rund 7500 Einwohnern aller Einkommensstufen und Ethnien. Von der Insel bietet sich ein toller Ausblick auf Manhattan, man trifft sich zu Picknicks am Strand, ein Radweg führt ringsum.

WEITERE INFORMATIONEN ZUM UN-KOMPLEX

Touren: General Assembly Building, 1st Avenue/46th Street, www.un.org/tours
Roosevelt Island: www.rioc.com, erreichbar per Roosevelt Island Aerial Tram, 60th Street/2nd Avenue

Uptown Manhattan, das ist nicht nur New Yorks »grüne Stube«, der Central Park (rechts), oder exklusive Läden (Mitte) in Nobelvierteln, sondern auch die Museumsmeile mit weltberühmten Museen wie dem Guggenheim (oben) oder dem Metropolitan (unten).

Uptown Manhattan

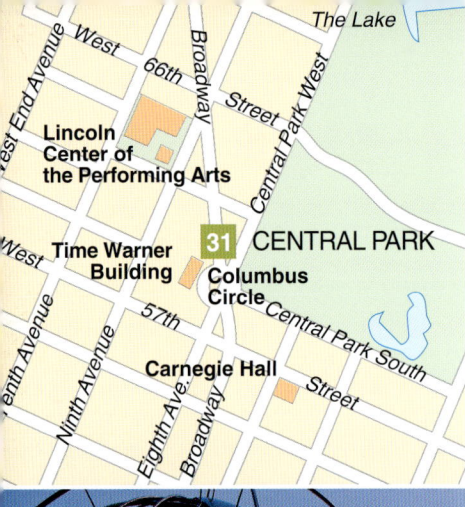

Ein riesiger Stahlglobus markiert Trump Hotel & Tower am Columbus Circle (oben). Blick auf Columbus Circle und Central Park (unten). Im Zentrum des Columbus Circle erhebt sich das Columbus Monument, eine Statue von Christoph Kolumbus auf 21 Meter hoher Säule (rechts unten). Blick vom Time Warner Center (rechts oben).

31 Columbus Circle

Erinnerung an einen Entdecker

Am Columbus Circle endet das touristisch-geschäftige Midtown mit Einkaufsstraßen und Theaterviertel. Nördlich davon dehnen sich Uptown, die Upper West und East Side, und der Central Park aus. Der Platz selbst liegt an der Südwestecke des Central Park, hieß ursprünglich »Grand Circle« und diente vor allem als Drehscheibe für Fahrzeuge und Straßenbahnen. Das Columbus Monument – die Statue von Christoph Kolumbus auf einer 21 Meter hohen Granitsäule mit Bronzereliefs – wurde als Geschenk der italienischen Regierung vom Bildhauer Gaetano Russi geschaffen und 1892 zum 400. Jahrestag der Entdeckung Amerikas durch Kolumbus aufgestellt.

Der Columbus Circle wurde 2005 neu gestaltet und mit einem neuen Brunnen von WET, bekannt für die Fountains of Bellagio in Las Vegas, versehen. Dazu kamen außerdem Holzbänke und Grünstreifen, sodass die Anlage heute – auch dank der 99 Jetdüsen, die Wasser in unterschiedlicher Stärke und Höhe versprühen – eine kleine, erfrischende Ruheoase inmitten des tosenden Verkehrs ist.

Heimat der Schönen und Reichen
Yoko Ono, die Witwe von Beatles-Star John Lennon, lebt noch heute in der Upper West Side, genauer im Dakota Building, vor dem Lennon 1980 erschossen wurde. Das Gebiet westlich des Central Park bis zum Hudson River und zwischen 59th und 110th Street war

schon immer eine beliebte Adresse bei Intellektuellen, Künstlern, Musikern, Schauspielern und Schriftstellern, die sich die exklusiven Apartments in den braunen, von uniformierten Türstehern bewachten Sandsteingebäuden aus der Zeit vor dem Ersten Weltkrieg leisten können.
Dabei hatte sich die Upper West Side schon nach 1870 zum Wohnquartier entwickelt – damals war die 9th-Avenue-Hochbahn in Betrieb gegangen, die die Verbindung zu Midtown herstellte. Mit dem U-Bahn-Bau in den 1920er-Jahren erhielt das Viertel weiteren Auftrieb. Seit den 1980er-Jahren gesellten sich zur ehrwürdigen Prominenz wohlhabende junge Familien und gut verdienende Singles – Yuppies, die den Slogan von der »Yupper West Side« prägten.

Oase moderner Architektur

Am Nordostrand des Columbus Circle fällt architektonisch zunächst das 1997 eröffnete Trump Hotel & Tower ins Auge, davor steht ein überdimensionierter hohler Silberglobus. 2004 kam gegenüber das Time Warner Center, geplant vom Architekturbüro SOM, dazu. Hier zog das Mandarin Oriental Hotel ein, außerdem der Biosupermarkt »Whole Foods« sowie Cafés und Lokale wie das Sternerestaurant »Per Se«. Die CNN-Studios und »Jazz at Lincoln Center« sind ebenfalls hier zu Hause. Ein weiterer auffälliger Bau am Südrand des Platzes ist das kompakte kubische, zwölfstöckige Gebäude des im Herbst 2008 eröffneten Museum of Arts & Design. Es war 1964 als »Lollipop Building« – so benannt nach den lutscherförmigen Säulen – erbaut worden und wurde auf gelungene Weise von dem

Architekturbüro Allied Works Architecture zu einem sehenswerten schlichten, mit Keramikfliesen verkleideten Bau umgestaltet. Die Sammlung des »MAD« umfasst amerikanisches Kunsthandwerk und zeigt auf sechs Etagen die Entwicklung in Kunst, Kunsthandwerk und Design vom 20. Jahrhundert bis heute. Etwas zurückversetzt, an der 8th Avenue/56th Street, steht seit 2006 ein weiterer neuer Wolkenkratzer mit auffälliger Prismenstruktur, mit blaugetönten Fenstern und diagonalen weißen Streben: Der Hearst Tower – Sitz des Medienkonzerns Hearst Corporation – verwendet den alten Ursprungsbau von 1928 als Sockel und wurde nach Plänen von Sir Norman Foster zum 182 Meter hohen Glas-Stahl-Bau aus recyceltem Stahl umgestaltet. Er gilt als Musterbeispiel für »grünes Bauen« und als erstes »Green Building« in New York.

JAZZ UND GUTES ESSEN

Im **Time Warner Center** befinden sich gleich drei Jazzbühnen: der Allen Room, das Rose Theater und Dizzy's Club (mit Bar), die Jazz vom Feinsten bieten. Im Untergeschoss desselben Baus lädt eine große Filiale der landesweiten Bio-Supermarktkette »Whole Foods« mit ihrer riesigen Auswahl an Bioprodukten aller Art und mehrere Imbissbereichen zum kulinarischen Bummel ein. Auch im **MAD** sind kulinarische Höhenflüge möglich: Hier lohnt nicht nur der Laden mit Designerobjekten, sondern auch das Restaurant ROBERT mit mediterran angehauchter Küche (Lunch, Dinner, Cocktails). Es bietet zudem vom obersten Museumsstockwerk einen guten Ausblick.

WEITERE INFORMATIONEN ZUM COLUMBUS CIRCLE

Time Warner Center:
Broadway/60th Street,
www.shopsatcolumbuscircle.com
MAD: 2 Columbus Circle,
www.madmuseum.org, Di.–So. 11–18,
Do. 11–21 Uhr, $ 15

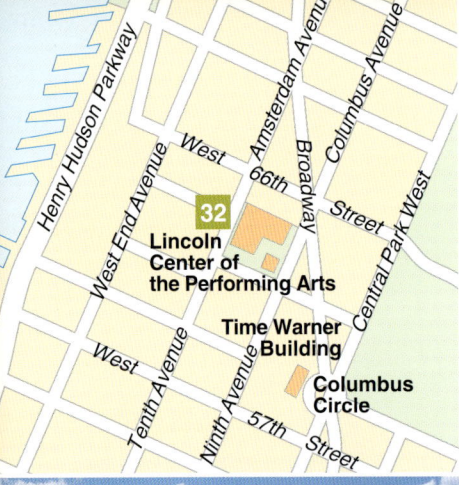

Das Lincoln Center besteht aus mehreren
Gebäuden, hier im Vordergrund die
Avery Fisher Hall (oben). Am Kopfende
der Josie Robertson Plaza mit ihrer
Brunnenanlage steht das Metropolitan
Opera House (unten). Blick auf das
David H. Koch Theater, Sitz des New
York City Ballet (rechts unten). Musikdar-
bietung im Lincoln Center (rechts oben).

32 Lincoln Center of the Performing Arts

Geschichte, Kunst und Musik

Die Upper West Side hat keine Museumsmeile wie der Osten zu bie-
ten, dennoch handelt es sich dank des American Museum of Natural
History, der New York Historical Society und des Lincoln Center for
the Performing Arts um eine kulturell nicht unbedeutende Region der
Stadt. Den Kern des Lincoln Center bildet das Metropolitan Opera
House, die weltberühmte »Met«.

Für die Oper hatte man in den
1950er-Jahren eine neue Heimat
gesucht und war zwischen Columbus
Avenue und Amsterdam Avenue sowie
West 62nd und 65th Street fündig
geworden. 1959 hatte Präsident Eisen-
hower den Grundstein gelegt, eröffnet
wurde der Komplex 1966. Ihm war es
zu verdanken, dass sich der Charakter
des Viertels zum Besseren wandelte und
das Areal heute zu den Topadressen der
Stadt zählt. In den letzten Jahren fanden
umfassende Renovierungsarbeiten am
Lincoln Center statt, das Sitz eines Dut-
zends verschiedener Musik- und Kulturinstitutionen ist.

Mehrteiliger Kulturkomplex

Die einzelnen Bauten des mehrteiligen
Komplexes gruppieren sich um einen
großzügigen Platz, die Josie Robertson
Plaza. Die Anlage schmücken ein Brun-
nen von Philip Johnson und die Statue
»Reclining Figure« von Henry Moore.

Zur Columbus Avenue hin entstand erst
kürzlich die »Lincoln Center Promenade«, eine fußgängerfreundliche Trep-
penanlage von der Straße zur Josie
Robertson Plaza, entworfen vom Architekturbüro Diller Scofidio + Renfro, das
gleichzeitig für die innovative Umgestaltung der West 65th Street verant-
wortlich zeichnete.
Am Kopfende des Platzes steht das
Metropolitan Opera House, das Herz-
stück des Lincoln Center. Im südlich
angrenzenden Damrosch Park finden in
den Sommermonaten inmitten von viel
Grün in der Guggenheim Bandshell,
einer Open-Air-Bühne, Freiluftkonzerte
statt. Den südlichen Gebäudeflügel
nimmt das David H. Koch Theater, Sitz
des New York City Ballet, ein. An dieses
Bauwerk grenzt der Charles B. Benenson
Grove, eine neu gestaltete Grünfläche
an der West 62nd Street und der
Columbus Avenue an. Das Koch Theater
wurde von Philip Johnson geplant und

1964 mit mehr als 2700 Plätzen eröff-net. Gegenüber, im Norden, erhebt sich die 1962 erbaute Avery Fisher Hall, die Heimat des New York Philharmonic Orchestra, des 1842 gegründeten und damit ältesten Orchesters der USA. An der Nordwestecke des Blocks schließt sich das Lincoln Center Theater mit zwei Bühnen, dem großen Vivian Beaumont und dem kleinen Mitzi E. Newhouse Theater, an. Zwischen Theater und Met präsentiert die New York Public Library for the Performing Arts Ausstellungen. Jenseits der West 65th Street steht u.a. die Alice Tully Hall, die erst kürzlich eine architektonisch gelungene Erweiterung mit neuer Plaza und Credit Suisse Infor-mation Grandstand (Tribüne) erfuhr. Diese Maßnahme war Teil des »West 65th Street Project«, im Zuge dessen die

renommierte Architekturfirma Diller Sco-fidio + Renfro mit FXFOWLE Architects die Straße mit der umgebenden Archi-tektur verband, um die Interaktion zwi-schen den einzelnen Institutionen dort zu fördern und eine »Street of the Arts« zu schaffen.
Ebenfalls neu ist das David Rubenstein Atrium at Lincoln Center, ein »grünes« Gebäude zwischen Broadway und Columbus Avenue (West 62nd–63rd Street), das als Ticket- und Besu-cherzentrum mit kleinem Café und Gra-tis-WiFi dient. Hier gibt es aber nicht nur ermäßigte Tickets, es finden auch regelmäßig Gratisaufführungen verschie-denster Art statt. Das Gebäude wurde ebenfalls im Zuge der Renovierungen dem Lincoln Center of the Performing Arts angefügt.

GÜNSTIGE TICKETS UND GRATISKONZERTE

Das **Lincoln Center for the Performing Arts** bietet auch Touren an. Sie beginnen im David Rubenstein Atrium und dauern eine Stunde. Ermäßigte Tickets für Veran-staltungen auf den verschiedenen Büh-nen des Lincoln Center sind am selben Tag in der Donald and Barbara Zucker Box Office im Rubenstein Atrium erhält-lich (Di–Fr 8–10, Sa, So 9–10 Uhr). Im Atrium selbst finden immer donners-tags, 20.30 Uhr, Veranstaltungen statt. Sie reichen von Ballett, Klassik oder Kam-mermusik bis hin zu Jazz, Pop, Rock oder Soul. Während der »Meet the Artist Saturdays«, samstags um 11 Uhr, stellt sich ein Künstler dem Publikum in locke-rer Atmosphäre vor. Das neueste Lokal im Lincoln Center heißt »Lincoln«. Hinter einer Glaswand werden dort italienisch angehauchte Gerichte serviert .

WEITERE INFORMATIONEN ZUM LINCOLN CENTER

Lincoln Center for the Performing Arts: http://new.lincolncenter.org/live; mit David Rubenstein Atrium, Broadway zwischen 62nd und 63rd Street, tägl. 10.30–16.30 Uhr
Lincoln Restaurant: 142 West 65th Street, www.lincolnristorante.com

33 Metropolitan Museum of Art

Der »Tempel der Kunst«

Der mächtige Bau des Metropolitan Museum of Art erinnert an einen antiken Tempel, und auch die Sammlung wird dem anspruchsvollen Ruf als »Tempel der Kunst« gerecht. Hinter mächtigen Mauern, verteilt auf verschiedene Gebäudeteile und auf mehrere Ebenen, befindet sich die wohl größte Kunstsammlung der westlichen Welt, die jährlich von annähernd fünf Millionen Besuchern bestaunt wird.

Der Museumskomplex, der sich am Rand des Central Park entlang der Fifth Avenue zwischen 80th und 84th Street hinzieht, ist so groß, dass darin sogar komplette Bauten, etwa ein rekonstruierter ägyptischer Tempel aus der römischen Kaiserzeit, Platz fanden. Kein Wunder, dass man hier nicht nur leicht die Orientierung, sondern auch das Zeitgefühl verliert. Neben der altägyptischen ist vor allem die Sammlung griechischer und römischer Antiken bedeutend und sehenswert, und auf keinen Fall versäumen sollte man den »American Wing«. Ein Teil der Mittelalter-Sammlung des Metropolitan Museum wurde übrigens in The Cloisters (siehe Seite 133) ausgelagert.

Bau in Etappen

Eine Gruppe von Geschäftsleuten und Künstlern hatte die Sammlung 1870 ins Leben gerufen, und mithilfe der Stadt konnte schon zwei Jahre später in einem Bau an der Fifth Avenue ein erstes, öffentlich zugängliches Museum eröff-

Im Metropolitan Museum of Art sind sogar komplette Bauten wie ein ägyptischer Tempel aufgestellt, dazu zeigt es Gemälde und Skulpturen quer durch die Epochen und Regionen (oben). Der mehrteilige Komplex des »Met« erstreckt sich am Rand des Central Park entlang der Fifth Avenue zwischen 80th und 84th Street (rechts).

nen. 1873 zog die Sammlung in die Douglas Mansion (128 West 14th Street) um, doch auch dieser Bau war nur als Übergangslösung gedacht. Schließlich hatte man bereits von der Stadt ein Grundstück an der Ostseite des Central Park gekauft und den Architekten Calvert Vaux, der zusammen mit Frederich Law Olmsted den Central Park gestaltet hatte, und seinen Assistenten Jacob Wrey Mould beauftragt, ein Museumsgebäude zu entwerfen.

Als dieses im verspielten viktorianischen Stil 1880 eröffnet wurde, stieß es auf wenig Begeisterung – weshalb schon 1888 der angesehene Architekt Richard Morris Hunt (1827–1895), zugleich Mitglied des Aufsichtsrats, ins Spiel kam. Den Bau von Vaux verwendete Hunt lediglich als Kern und versah ihn mit einer großen Eingangshalle und einer prächtigen Beaux-Arts-Fassade aus hellbeigem Kalkstein aus dem US-Bundesstaat Indiana. Es dauerte bis 1926, ehe der gesamte, mehrteilige Komplex fertiggestellt war. Nach Hunts Tod hatte

Das »Met« (rechts unten) bietet auf rund 150 000 m² Ausstellungsfläche sehenswerte Sammlungen, z.B. die griechischen und römischen Antiken (links oben), die ägyptische Abteilung (links Mitte) sowie die diversen Gemäldesammlungen (links unten). Auf der Dachterrasse (oben rechts, rechte Seite) finden Sonderausstellungen statt.

dessen Sohn Richard Howland Hunt die Bauarbeiten geleitet, doch auch andere Architekten waren beteiligt gewesen. 1975 kam es zu einer weiteren Expansion in Richtung Park, fünf Jahre später gestaltete das renommierte Architekturbüro Roche Dinkeloo & Associates den sogenannten amerikanischen Flügel als bis dato jüngsten Teil.

Prall gefüllt mit Schätzen

Von 2002 bis 2007 erfolgte eine grundlegende Fassadenrenovierung, eine Umgestaltung zahlreicher Innenräume und die Neukonzeption vieler Säle und Sammlungen. Seit der Wiedereröffnung im April 2007 bietet das »Met« eine um rund 7500 Quadratmeter vergrößerte, insgesamt rund 150 000 Quadratmeter große Ausstellungsfläche mit 19 Abteilungen für Dauerausstellungen und eigene Galerien für Sonderausstellungen, von denen jeweils mehrere gleichzeitig zu sehen sind.

Bei der Renovierung neu arrangiert wurden vor allem die »19th Century European Paintings and Sculpture Galleries« und die »Galleries for Oceanic Art and Art of North America«. Wesentlich attraktiver präsentieren sich heute auch die »Greek and Roman Galleries«. Für europäische Besucher besonders sehenswert ist der »American Wing« mit Meisterwerken amerikanischer Malerei, Skulptur und dekorativer Kunst. Das American Decorative Arts Department umfasst um die 12 000 Kunstwerke, während die American Art-Sammlung aus über 1000 Gemälden, 600 Skulpturen und an die 2600 Zeichnungen besteht, darunter das berühmte Porträt George Washingtons von Gilbert Stuart und Emanuel Leutzes' Gemälde »Washington Crossing the Delaware«. Aber auch andere berühmte amerikanische Maler sind vertreten, z.B. Winslow Homer, John Singer Sargent und James McNeill Whistler.

Breites Spektrum

Im Zentralbereich befindet sich die beliebte »Arms & Armor«-Sammlung mit etwa 15 000 Waffen und Rüstungen von der Antike über das späte Mittelalter bis ins Japan des 19. Jahrhunderts. Ebenfalls riesig ist die Sammlung zur Kunst Afrikas, Ozeaniens und Amerikas, doch sie wird noch übertroffen von der Asian Art Collection mit über 60 000 Exponaten. Hochkarätig sind auch die Abteilungen zum antiken Nahen Osten, Ägypten und zur griechischen und römischen Antike. Neben Funden aus Nippur, Nimrud oder Hasanlu stehen fast 36 000 Artefakte aus Ägypten zur Ansicht. Im Zentrum steht der Tempel von Dendur aus augusteischer Zeit, den die ägyptische Regierung 1965 den USA vermachte, nachdem man ihm vor der Flutung des Assuanstaudammes abgetragen hatte.

Schwerpunkt in der Abteilung europäischer Kunst sind rund 3000 Gemälde des 19. Jahrhunderts; über 5000 Skulpturen und dekorative Kunst gehören ebenfalls dazu. Dem Museum vermachte Privatsammlungen wurden als eigene Komplexe integriert, so z.B. die Lehman Collection alter Meister und französischer Gemälde des 19. Jahrhunderts in einer Glaspyramide.

Moderne Kunst

Moderne Kunstwerke auf drei Ebenen sind im Lila Acheson Wallace Wing zu sehen, Teil der Abteilung »Modern Art«. Hier werden Werke von Picasso, Kandinsky oder Kiefer ebenso wie Beispiele des Expressionismus, des Jugendstils oder des Artdéco präsentiert. Nicht entgehen lassen sollte man sich den Cantor Roof Garden mit zeitgenössischen Skulpturen, spektakulären Sonderausstellungen und -installationen, einem kleinen Café sowie phänomenaler Aussicht. Eine weitere Ruheoase ist der überdachte Innenhof im American Wing, in dem man sich sogar zwischen Kunstschätzen erholen kann.

KUNST IST NICHT ALLES

Das Metropolitan Museum of Art hat nicht nur Kunst zu bieten, die Besucher haben zudem die Wahl zwischen mehreren Restaurants und Cafés, Museumsläden und Veranstaltungen wie Konzerten, Lesungen oder Filmvorführungen. Nur Forschern stehen die Bibliothek und das große Archiv zur Verfügung, Touren gibt es hingegen für jedermann. Besonders einladend für ein Päuschen ist die **Roof Garden Café & Martini Bar** auf dem Cantor Roof Garden, wo sich inmitten von modernen Skulpturen der Ausblick und ein kühler Drink genießen lassen.

WEITERE INFORMATIONEN ZUM METROPOLITAN MUSEUM OF ART

1000 5th Avenue/82nd Street,
www.metmuseum.org,
So, Di–Do 9.30–17.30,
Fr, Sa 9.30–21 Uhr,
$ 25 inklusive The Cloisters.

34 Central Park

New Yorks »gute Stube«

Wenn an Sonntagen die meisten Straßen durch den Central Park gesperrt sind und die Sonne scheint, wird der Central Park zur »guten Stube«, zur Freilichtbühne und zum Fitnessstudio, zum Treffpunkt und Sonnenstudio der New Yorker. Im Sommer lockt der 340 Hektar große Stadtpark als kühle Oase im brodelnd-heißen Wolkenkratzer-Dschungel. Im Winter, in weiße Schneepracht gehüllt, fühlt man sich hier meilenweit von der hektischen Stadt entfernt.

Die 1873 eröffnete Grünanlage begrenzen die 59th und die 110th Street im Süden und Norden sowie durch die 5th und 8th Avenue im Osten bzw. Westen. Der Park, rund vier Kilometer lang und knapp einen Kilometer breit, nimmt etwa fünf Prozent der Fläche Manhattans ein.

Spielwiese der New Yorker
Rund 50 Kilometer Fuß-, Jogging- und Radwege schlängeln sich durch das Grün, mehrere sogenannte Transverse Roads dienen der Verbindung von Upper East und West Side. Sportliche finden Betätigungsfelder auf dem Wollman Rink, einer Eisbahn, oder dem Heckscher Playground (Sport- und Spielflächen), aber auch Rasenflächen wie Sheep Meadow animieren zu Outdoor-Aktivitäten. An mehreren Plätzen finden im Sommer Gratis-Freiluftkonzerte statt. Die Palette reicht von »Shakespeare in the Park« (Delacorte Theater) und

Marionettentheater im Swedish Cottage über Central Park Summer Stage auf dem Rumsey Playfield bis hin zu Harlem Meer Performance Festival (Central Park Conservancy/C. A. Dana Discovery Center) und Naumburg Orchestral Concerts in der Naumburg Bandshell.

Schwieriges Unterfangen
Bereits 1844 hatte William Cullen Bryant, Herausgeber der *New York Post*, einen großen öffentlichen Park in Manhattan gefordert. Bei den Bürgermeisterwahlen 1850 wurde die Forderung thematisiert, doch sollte es weitere sieben Jahre dauern, bis das Projekt in Angriff genommen wurde. Erster »Superintendent of the Park« war Frederick Law Olmsted (1822–1903) aus Hartford in Connecticut. Der »Vater der amerikanischen Landschaftsarchitektur« machte sich an die Planung, doch diese erwies sich als weit schwieriger als erwartet: Auf dem vorgesehenen Gelände befand

Der 1873 eröffnete Central Park ist eine grüne Oase inmitten des Häusermeers von Manhattan, eine Sonnenbank und Liegewiese, ein Sport- und Picknickplatz (oben). Im Park verteilt sind zahlreiche Skulpturen und Brunnen (unten). Freizeitkapitäne können auf The Lake ihre Modellboote erproben (rechts).

Kutschfahrten und Hochzeiten im Sommer, Eislaufen im Winter – der Central Park ist vielseitig (alle Bilder oben). Auch die vierbeinigen New Yorker lieben den Central Park (rechts). Vom Turm des Belvedere Castle mitten im Central Park bietet sich ein guter Ausblick (rechts unten). Marathon-Einlauf im Park (rechts oben).

sich eine afroamerikanische Siedlung namens »Seneca Village«. Die Bewohner wurden kurzerhand zwangsumgesiedelt und das Dorf 1858 dem Erdboden gleichgemacht. Spuren davon fand man vor einigen Jahren bei Ausgrabungen. Nach dieser umstrittenen Räumungsaktion konnte Olmsted zusammen mit dem Architekten Calvert Vaux (1824 bis 1895) mit der Ausführung beginnen. Das Grundstück war teils Sumpfland, teils Weideland und kein einfaches Terrain. Tag und Nacht wurde gearbeitet, um eine naturnahe und doch »dekorative« Landschaft zu schaffen. Unmengen von Erde wurden bewegt und Tonnen von Humus als Nährboden aus New Jersey herangeschafft.

Zu Anfang waren die New Yorker dennoch mit der Grünfläche nicht zufrieden. Da sich Olmsted mit seinen ästhetischen Vorstellungen von passiver Nutzung durchgesetzt hatte, fehlten »aktive« Vergnügungsmöglichkeiten. Kurz vor der offiziellen Eröffnung 1873

fügte man deshalb noch einen Zoo und Sportplätze hinzu. Autos wurden ab 1899 zugelassen, und im Laufe der folgenden Jahre kamen weitere Sport- und Spielflächen dazu.

Sehenswertes im Park

Jährlich tummeln sich über 25 Millionen Menschen im Park, dessen Südteil bis etwa in Höhe des Metropolitan Museum der sehenswerteste ist. Zu den ursprünglichen Institutionen gehört die Dairy, eine Molkerei, in der früher die Milch der hier grasenden Kühe und Schafe an bedürftige Kinder verteilt wurde. In dem kleinen neogotischen Bauwerk befindet sich heute (wie auch seit Kurzem in der Tavern on the Green) eine Besucherinformationsstelle. Eine Attraktion ganz in der Nähe ist das Central Park Wildlife Conservation Center, ein 1988 eingerichteter kleiner Zoo, und ein Stück nördlich liegt Bethesda Fountain and Terrace. Die Statue »Angels of the Waters« erinnert dort an

die erste Wasserleitung, die die New Yorker mit Frischwasser versorgte. Über die Bow Bridge, eine von ursprünglich sieben Gusseisenbrücken im Park, erreicht man einen der meistbesuchten Orte des Parks: Strawberry Fields. Dieses im Südwesten des Parks gelegene Grünareal gedenkt John Lennons, der im Dezember 1980 vor dem Dakota Building ermordet wurde. Im Zentrum des Parks liegt The Lake, wo sich Freizeitkapitäne mit ferngesteuerten Bootsmodellen tummeln und es ein Bootshaus gibt. Weiter nördlich lockt der Turm des Belvedere Castle mit guter Aussicht und einer Informationsstelle der Naturschutzbehörde Central Park Conservancy. Neben dem Schlösschen werden im Delacorte Theater im Sommer Shakespeare-Stücke aufgeführt. Im Zentrum des Parks und westlich des Metropolitan Museum breitet sich der Great Lawn (Großer Rasen) aus, an dessen Nordgrenze das Jaqueline Kennedy

Onassis Reservoir liegt. Ein weiterer See, das Harlem Meer, ist besonders bei den Bewohnern Harlems beliebt.

Feine Adressen im Umfeld

Sowohl das Areal westlich des Central Park, die Upper West Side, als auch das Gebiet östlich davon (Upper East Side) sind Wohnadressen von Intellektuellen, Exzentrikern und Stars. Zu den berühmtesten Gebäuden gehört neben dem 1884 erbauten schlossartigen Dakota Building an der 8th Avenue (Central Park West), in dem außer Lennon auch Leonard Bernstein, Roberta Flack, Judy Garland und Kim Basinger wohn(t)en, das »Hotel des Artistes«, das um 1910 als Apartmentblock mit Künstlerateliers erbaut wurde und in dessen Gästebuch sich schon James Dean oder Madonna eintrugen. Das »Eldorado« war einst Wohnsitz von Marilyn Monroe, das »San Remo« (1929–31) von Paul Simon, Dustin Hoffman und Diane Keaton.

SPIELWIESE UND FREILICHTBÜHNE

Ein Höhepunkt im New Yorker Sportkalender ist der **New York Marathon**, seit 1970 immer am ersten Sonntag im November. Über zwei Millionen Zuschauer feuern an der Route von der Verrazano Bridge bis zum Zieleinlauf im Central Park die über 40 000 Läufer an. Die **Central Park Summer Stage at the Rumsey Playfield** (Zugang: East 69th Street/5th Avenue) bietet ein vielseitiges Sommerprogramm, z.B. die Summer Concerts der TV-Show »GMA« (»Good Morning America«; http://abcnews.go.com/GMA/SummerConcert). Beim **Harlem Meer Performance Festival** (CentralPark Conservancy/Charles A. Dana Discovery) finden sonntags um 14 Uhr moderne Konzerte statt. Auch **Naumburg Orchestral Concerts** (www.naumburgconcerts.org) und **Shakespeare In Central Park** im Delacorte Theater (www.publictheater.org) sind populär.

WEITERE INFORMATIONEN ZUM CENTRAL PARK

www.centralparknyc.org,
www.centralpark.com
New York Marathon:
www.ingnycmarathon.org
Sommerprogramm im Central Park:
www.summerstage.org

Herbstliche Stimmung im Central Park vor der beeindruckenden Kulisse von Midtown Manhattan. Zu sehen sind einige der neuen Wahrzeichen, wie Time Warner Center oder Hearst Tower.

35 Museum Mile

Highlights an der Museumsmeile

Es gibt Attraktionen in New York, die man gesehen haben muss: Freiheitstatue, Brooklyn Bridge, Times Square und Fifth Avenue etwa, daneben aber auch das Metropolitan Museum of Art und das Guggenheim Museum. Diese beiden weltberühmten »Kathedralen der Kunst« sind allerdings nur die Highlights aus einer langen Liste von Kulturinstitutionen, die sich an der Fifth Avenue, an der Ostgrenze des Central Park, aneinanderreihen und die »Museum Mile« bilden. Dieser Abschnitt der Fifth Avenue beginnt auf Höhe der 79th Street mit der Frick Collection und erstreckt sich bis hinauf zum Museum of the City of New York und dem Museo del Barrio in der 105th Street.

Eine Reihe weltberühmter Museen reiht sich an der Fifth Avenue aneinander, darunter das Whitney Museum (oben), das Design- und das Guggenheim Museum (rechts) sowie die Neue Galerie (unten). Sie haben dem Abschnitt der Fifth Avenue zwischen der 79th Street und der 105th Street den Beinamen »Museum Mile« eingebracht.

Bei der Frick Collection handelt es sich um ein sehenswertes Gesamtkunstwerk. Die hochkarätige Kunstsammlung des Stahlmagnaten Henry Clay Frick (1849–1919) wird in seinem eigenen schmucken Wohnpalais präsentiert. Europäische Kunstwerke aus dem 14. bis 19. Jahrhundert werden teilweise noch in ihrem ursprünglichen Kontext, z.B. in Fricks Esszimmer oder in seiner Bibliothek, ausgestellt. Werke berühmter Künstler wie beispielsweise Tizian, Turner, Constable, Holbein d. J., Rembrandt, Gainsborough, Vermeer, Ingres, Goya, Renoir oder El Greco sind in den großteils original möblierten Räumen zu bewundern, zudem kann man sich französische Stilmöbel, Limoges-Emaillearbeiten, Wandbehänge und Orientteppiche ansehen.

Deutsche und österreichische Kunst

Zwischen den beiden »Supermuseen« liegt ein besonders für deutsche Besucher interessantes Museum: die »Neue Galerie«. Das Museum for German and Austrian Art in einem denkmalsgeschützten Beaux-Arts-Gebäude von 1914 präsentiert deutsche und österreichische Kunst zwischen 1890 und 1940. 1994 war es durch den in Wien geborenen Kunsthändler Serge Sabarsky und den Unternehmer Ronald S. Lauder eröffnet worden.

Das Erdgeschoss widmet sich dem Wiener Kunstschaffen um 1900 – mit Werken von Malern wie Gustav Klimt, Egon Schiele, Oskar Kokoschka oder Alfred Kubin – sowie angewandter Kunst. Vertreten sind die Wiener Werkstätten mit

118

Im Frick Mansion (oben), im Whitney (Mitte), im Metropolitan Museum of Art (unten), in der Neuen Galerie (rechts oben u. rechte Seite unten) und im Metropolitan Museum of Art (rechte Seite oben).

Josef Hoffmann und Koloman Moser sowie Architekten wie Otto Wagner oder Adolf Loos. Im Obergeschoss geht es um die deutsche Moderne mit Strömungen wie dem Blauen Reiter, der Brücke, dem Bauhaus und der Neuen Sachlichkeit.

Design und Judaica

Weiter nördlich an der Museum Mile flaut der Besucherandrang deutlich ab. Dabei lohnt beispielsweise das Cooper-Hewitt National Design Museum, das 1897 auf Initiative der drei Hewitt-Schwestern gegründet wurde und seit 1967 Teil der Smithsonian Institution ist. Beispiele grafischen und industriellen Designs, Zeugnisse der Designgeschichte und der Architektur – Drucke, Zeichnungen, Gebrauchsobjekte und Möbel, Textilien und Tapeten – sind in der Andrew Carnegie Mansion, der 1902 auf damals modernstem Stand der Technik errichteten 64-Zimmer-Villa des Stahlmagnaten und großen Mäzens

Andrew Carnegie (1835–1919) zu sehen.

Judaica aus über 4000 Jahren beherbergt das Jewish Museum, ebenfalls in historischem Ambiente: dem der Warburg Mansion von 1907. Mit seinen 26 000 Kunstwerken zu jüdischem Alltagsleben, Kunst und Kultur zählt es zu den maßgeblichen jüdischen Museen der USA und beherbergt die weltgrößte Sammlung von Judaica außerhalb Israels. Die Wurzeln reichen ins Jahr 1904 zurück. Die Exponate umfassen rituelle und sakrale Objekte wie Thora-Kronen, Leuchter, Teller oder Zeremoniensilber, aber auch profane Kunstwerke, archäologische Fundstücke, Fotos und Dokumente aller Art.

Stadtgeschichte

Das Museum of the City of New York bietet einen spannenden Rundgang durch fast vier Jahrhunderte Stadtgeschichte. Schriftstücke, Gemälde, Fotos, Kostüme, Spielzeug und Bücher, Möbel

und Kunsthandwerk gehören zur Dauerausstellung, die 1923 ins Leben gerufen
wurde. Sehenswert sind neben den
Wechselausstellungen über die Stadtgeschichte die zeitgenössisch (1690–1906)
ausgestatteten »Rockefeller Rooms«.
Weitere Säle des Museum of the City of
New York beinhalten die »Painting &
Sculpture Collection« sowie Porträts von
berühmten New Yorkern, außerdem
gibt es hier Fotografien, Drucke und
Lithografien, dekorative Kunst, Schiffs-
modelle und Handelsware zu sehen.
Interessant sind die Ausstellung über die
Mode vom 17. Jahrhundert bis heute in
der »Costume Collection« sowie die
umfassende Spielzeugsammlung mit
sehenswerten Puppenhäusern. Die
Broadway-Abteilung stellt eine der weltweit größten Sammlungen zur Theater-
geschichte dar, gezeigt werden Kostüme, Requisiten, Fotoaufnahmen,
Zeichnungen und andere Erinnerungsstücke. *Timescapes* ist der Titel eines
Films, der in 25 Minuten einen historischen Überblick über die Stadt von den
Anfängen bis heute gibt.

Lateinamerikansiche Kultur

Den Endpunkt der Museumsmeile bildet
das Museo del Barrio, das sich der
lateinamerikanischen Kunst und Kultur
widmet und passenderweise an der Süd-
west-Ecke von East Harlem, einem
Hispano-Viertel, liegt. Von 2008 bis
2009 wurde es umgebaut und erweitert.
An den Wänden der luftigen Galerien
hängen Bilder von Frida Kahlo, Diego
Rivera und Karrikaturen von Miguel
Covarrubias. Zu sehen gibt es Beispiele
der lateinamerikanischen, puertorikani-
schen und karibischen Kunst und Kultur,
wobei den Puertorikanern als größter
Gruppe unter den spanischsprachigen
Immigranten in New York besondere
Bedeutung zugemessen wird. Objekte
aus der präkolumbianischen Frühzeit
sind ebenso zu sehen wie moderne
Kunstwerke, weltliche wie religiöse Aus-
stellungsstücke. Außergewöhnlich ist die
Sammlung von aus Holz geschnitzten
»Heiligenfiguren« für den Hausaltar,
rund 360 »Santos de Palo« aus Puerto
Rico, »Sculpture between Heaven and
Earth« genannt.

Das architektonisch ungewöhnliche Guggenheim Museum wurde einem Schneckenhaus oder Zikkurat nachempfunden und erschließt sich von oben nach unten; ein Glasdach bildet den oberen Abschluss (oben und rechts). Frank Lloyd Wright, der Baumeister, erlebte die Eröffnung des Museums nicht mehr. Gut essen in »The Wright« (rechts oben).

36 Guggenheim Museum

Architektur-Ikone und Kunsttempel

Als 1959 das Solomon R. Guggenheim Museum eröffnet wurde, staunte die Welt über dieses ungewöhnliche Bauwerk von Frank Lloyd Wright (1867–1959), dem Schöpfer der ersten autochthon amerikanischen Architektur. Die »Architektur-Ikone des 20. Jahrhunderts« wurde ab 1943 von Wright im Auftrag von Solomon R. Guggenheim (1861–1949) entworfen und fällt durch die einmalige Harmonie von Bau und Kunst auf.

Seine Sammlung moderner und zeitgenössischer Kunst stellte der Industrielle und Philanthrop Solomon R. Guggenheim zunächst in seinem privaten Apartment im Plaza Hotel aus, dann ab 1939 im »Museum of Non-Objective Painting«, in einem Autohaus an der East 54th Street. 1943 beauftragte der Sammler und Mäzen mit Frank Lloyd Wright den damals bedeutendsten amerikanischen Architekten mit einem Neubau. Wright fertigte in 15 Jahren rund 700 Skizzen an, doch der Baubeginn verzögerte sich ständig, erst aus kriegs- bzw. inflationsbedingten Gründen, dann wegen baubehördlicher Bedenken. Guggenheim starb 1949, und als der Bau fertig war, lag auch der Architekt schon sechs Monate unter der Erde.

Ein architektonisches Meisterwerk

Als das Museum am 21. Oktober 1959 eröffnete, staunte die Öffentlichkeit nicht schlecht über dieses ungewöhnli-

che Gebäude, ein plastisch-organisches Gebilde in der Art eines Schneckenhauses, einem Zikkurat (babylonischen Tempelturm) nachempfunden. Besucher werden mit dem Aufzug nach oben befördert, damit sie auf dem Weg über die spiralförmige Rampe nach unten das ungewöhnliche Raumgefühl in der offenen Rotunde erleben und die segmentartig angeordneten Galerien erkunden können. 1992 wurde um einen achtstöckigen Annex von der Firma Gwathmey Siegel & Associates Architects, basierend auf Originalplänen von Wright, ergänzt. Eine mit dem Hauptbau durch die Thannhauser Gallery verbundene kleine Rotunde schließt seither nach oben mit einer Skulpturen-Terrasse ab, die Ausblick auf den Central Park bietet.

»Museum der Privatsammlungen«

Beim Solomon R. Guggenheim Museum handelt es sich streng genommen um

ein »Museum der Privatsammlungen«. Der wohlhabende Industrielle hatte in den späten 1920er-Jahren unter Beratung der deutschen Künstlerin Baroness Hilla Rebay von Ehrenwiesen begonnen, ungegenständliche Malerei zu sammeln, darunter Werke von Künstlern wie Wassily Kandinsky, Robert Delaunay, Moholy-Nagy, Marc Chagall, Fernand Léger und Pablo Picasso.

Dazu kamen weitere Sammlungen, wie 1948 die des Kunsthändlers Karl Nierendorf, vor allem expressionistische und surrealistische Werke, darunter viele von Paul Klee, und 1963 die Stiftung des Münchner Kunsthändlers Justin K.Thannhauser – schwerpunktmäßig Impressionisten, Post-Impressionisten und moderne Malerei, u.a. von Picasso. Seit 1991/92 beherbergt das Museum auch die Sammlung des Grafen Giuseppe Panza di Biumo mit wegweisender zeitgenössischer Kunst, Werken europäischer und amerikanischer Minimalisten, Environmentalisten und Konzeptualisten. Der Nachlass der Robert Mapplethorpe Foundation legte den Grundstock für die Fotoabteilung des Museums. Anders als üblich sind im Guggenheim Kunst nicht nach Genres oder Zeiten, sondern thematisch angeordnet. Das Museum besitzt über 7000 Kunstwerke, doch die gesamten Museumsbestände sind nie komplett zu sehen. Es gibt rotierende Präsentationen und häufig spektakuläre Sonderausstellungen. 1997 ging die Guggenheim Foundation eine Partnerschaft mit der Deutschen Bank ein, und das Deutsche Guggenheim Berlin entstand als weitere Filiale neben den bereits existierenden in Bilbao und Venedig.

VOM GUGGENHEIM NACH KLEIN-DEUTSCHLAND

The Wright nennt sich das schicke neue Restaurant im Guggenheim Museum, das besonders zum Sonntagsbrunch beliebt ist. Für die Küche ist David-Bouley-Schüler Rodolfo Contreras zuständig. Nach dem Essen bietet sich ein Spaziergang durch »Little Germany« an, begrenzt durch East 79th und 96th Street sowie East River und Lexington Avenue. Die Hauptachse von »Klein-Deutschland«, die 86th Street, war einst als »German Broadway« bekannt, denn hier lebten fast ausschließlich deutschstämmige Zuwanderer, unter ihnen Oskar Maria Graf. Noch heute finden sich deutsche Relikte wie das Restaurant Heidelberg (1648 2nd Avenue), die Metzgerei Schaller & Weber (1654 2nd Avenue) oder die St. Joseph's Roman Catholic Church (East 87th Street), in der einmal im Monat ein deutscher Gottesdienst stattfindet. 2008 war Papst Benedikt XVI. zu Besuch.

WEITERE INFORMATIONEN ZUM GUGGENHEIM MUSEUM

1071 5 Avenue/89th Street,
www.guggenheim.org,
Fr–Mi 10–17.45 Uhr, Sa. bis 19.45 Uhr,
$ 18, mit Restaurant The Wright

37 Whitney Museum of American Art

Museum der Moderne

Das Whitney Museum of American Art widmet sich ausschließlich der Kunst des 20. und 21. Jahrhunderts. Es geht auf den Whitney Studio Club in Greenwich Village zurück, der 1918 von Gertrude Vanderbilt Whitney (1875–1942), Enkelin des Eisenbahnmagnaten Commodore Cornelius Vanderbilt, ins Leben gerufen worden war. Whitney hatte Europa intensiv bereist, war Kunstmäzenin und -sammlerin und selbst Bildhauerin. Zu ihren Ehren wurde auf dem Stuyvesant Square in Gramercy sogar eine Statue, neben der von Peter Stuyvesant, aufgestellt.

An der Madison Avenue entstand 1966 ein Museumsbau für die Sammlung zeitgenössischer Kunst von Gertrude Vanderbilt Whitney, Enkelin von Commodore Vanderbilt (oben). Bekannt ist die »Whitney Biennial«-Ausstellung (unten). Ein Leckerbissen für Liebhaber moderner Kunst (rechts unten). »Bloomie's« – Kaufhaus der Superlative (rechts oben).

Gertrude Vanderbilt Whitney gab jungen amerikanischen Künstlern, die in der damals konservativ gesonnenen Gesellschaft einen schweren Stand hatten, erstmals Gelegenheit, ihre Werke zu präsentieren. Sie hatte 1931 im Village (8 West 8th Street) ein eigenes Museum gegründet, nachdem das Metropolitan Museum ihre Sammlung von mehr als 500 Kunstwerken abgelehnt hatte. 1954 kam es zu einer Expansion an neuer Stelle, in der West 54th Street; 1963 erwarb man das heutige Grundstück in der Madison Avenue. Seit 1966 ist die Sammlung öffentlich zugänglich. Der Bau stammt vom Reißbrett der Bauhaus-Architekten Marcel Breuer und Hamilton Smith und weist die Form einer auf dem Kopf stehenden Pyramide mit überhängender Fassade auf. Er wirkt schlicht und klotzig und wurde mit dem »Turmbau zu Babel« verglichen. Dennoch zählt er heute zu den bedeutendsten Bautwerken New Yorks und ist in jedem Architekturhandbuch zu finden. Eine Sonderstellung nimmt The Whitney auch deshalb ein, weil es das erste Museum war, das Filialen betrieb, z.B. in Downtown Manhattan im Equitable Center, im Altria Building und sogar in Connecticut. Nun soll bis 2015 im boomenden Meatpacking District, nahe dem High Line Park, eine neue Downtown-Niederlassung nach Plänen des Stararchitekten Renzo Piano entstehen.

Kontinuerliches Wachstum

Bei Museumseröffnung 1931 umfasste der Bestand rund 600 Kunstwerke, die auch heute noch den Kern der Sammlung bilden. 1954 waren es bereits 1300, und 1966 belief sich die Zahl schon auf 2000. Ab 1948 wurden Schenkungen anderer Sammlungen akzeptiert, z.B. von Edward Hopper

(1970) oder die Sammlung Lawrence H. Bloedel (1976).

Das »Film & Video Programm« im Whitney Museum ging einher mit der Einführung der »New American Filmmakers Series« 1970. Unabhängige und experimentelle Filme stehen im Mittelpunkt, bevorzugt mit aktuellem Bezug. 1991 wurde eine Fotosammlung ins Leben gerufen, und 2002 kam es zu einer Schenkung von 86 Meisterwerken amerikanischer Kunst, u.a. von Jackson Pollock, Jasper Johns, Franz Kline, Roy Lichtenstein und Andy Warhol. Heute umfasst die Dauerausstellung ungefähr 18 000 Gemälde, Skulpturen, Drucke, Fotos, Videos, neue Medien etc. von mehr als 2600 Künstlern. Zu den wechselweise gezeigten Dauerbeständen gehören bedeutende Kunstwerke unter

anderem von Andy Warhol, Georgia O'Keeffe, Roy Lichtenstein, Edward Hopper, Jasper Johns oder Alexander Calder.

Vielfältiges Angebot

Zahlreiche Künstler, die später als Vertreter zeitgenössischer amerikanischer Kunst des 20. Jahrhunderts bekannt wurden, zeigten ihre Werke erstmals im Rahmen des Whitney Biennial, einer alle zwei Jahre im Frühjahr stattfindenden Ausstellung der aktuell bedeutendsten Künstler. Zu dieser Präsentation werden die Teilnehmer eingeladen. Regelmäßig veranstaltet das Museum auch Performances und Happenings, Touren und Filmvorführungen, Lesungen und andere Events. Das neue zum Museum gehörige Restaurant von Danny Meyer trägt den Namen »Untitled«.

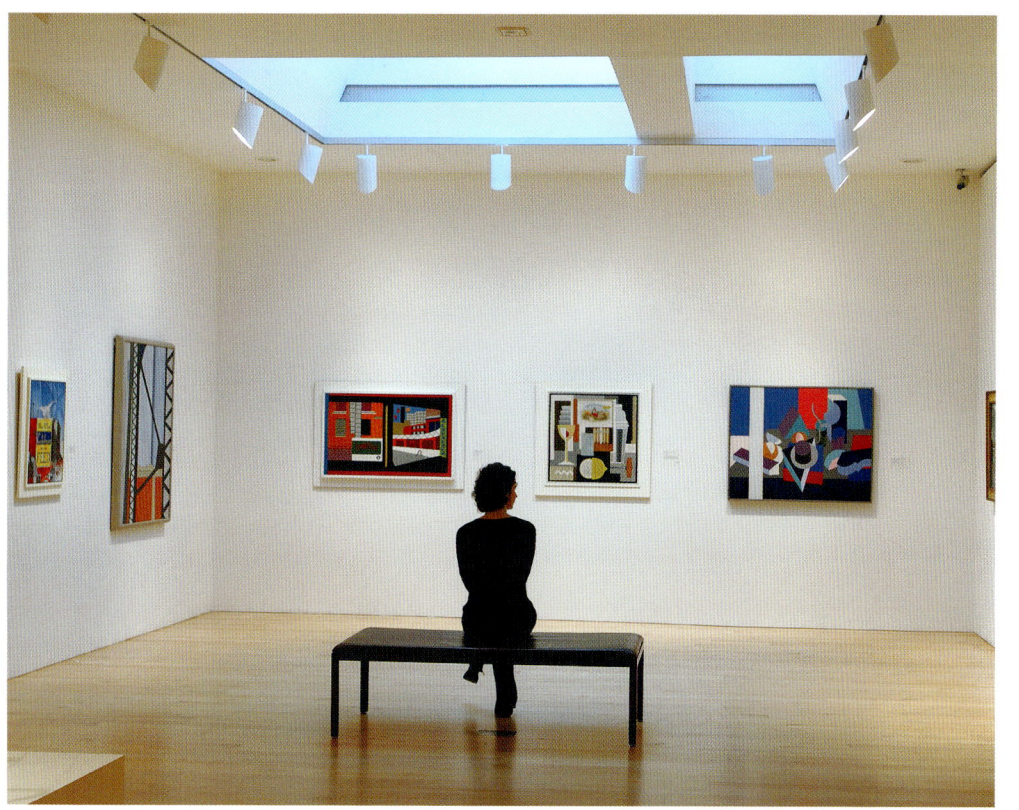

SHOPPING NACH DEM MUSEUMSBESUCH

Kontrastprogramm zum Whitney Museum of American Art bietet »Bloomie's« an der Ecke Lexington Avenue/ 59th Street. Das berühmte Kaufhaus **Bloomingdale's** wurde 1872 gegründet und galt anfangs als Billig-Ramschladen. Heute ist es eines der bestsortierten Kaufhäuser und bekannt für seinen exzellenten Kundenservice.

Auch im Umkreis der Madison Avenue lockt eine Häufung eleganter Shops und Galerien zum Einkaufsbummel. Im nördlichen Teil der Straße (75th bis 82nd Street) konzentrieren sich Kunstgalerien und Antiquitätenläden, im Bereich zwischen 58th und 71th Street findet man viele Designerboutiquen. Sehenswert ist überdies das Rhinelander Building (72nd Street/Madison Avenue), das von Ralph Lauren zum Kaufhaus umgebaut wurde.

WEITERE INFORMATIONEN ZUM WHITNEY MUSEUM

945 Madison Avenue/75th Street, www.whitney.org, Mi, Do, Sa, So 11–18, Fr 13–21 Uhr, $ 18
Bloomingdales: 1000 3rd Avenue, www.bloomingdales.com

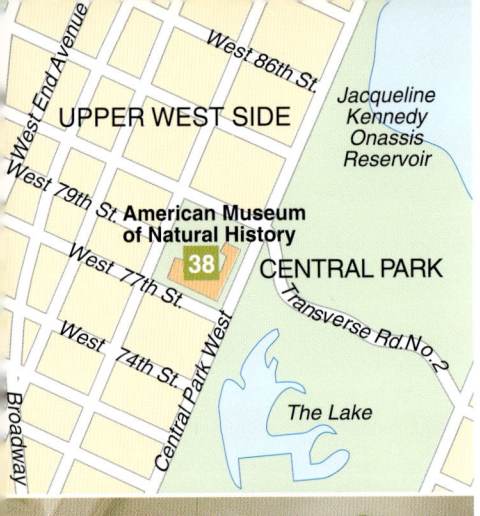

38 American Museum of Natural History

Weltgrößtes Naturkundemuseum

Die Upper West Side hat zwar keine Museumsmeile wie der Osten zu bieten, dafür aber zwei interessante Museen: die New York Historical Society – ein Muss für historisch Interessierte (siehe rechts) – und das American Museum of Natural History. In diesem 1877 eröffneten, weltweit größten Naturkundemuseum können Familien Stunden, wenn nicht einen ganzen Tag verbringen.

Der Komplex aus 25 miteinander ver bundenen Bauteilen bietet auf ins-gesamt vier Ebenen rund 40 Ausstel-lungshallen. Beim Rundgang kann man unter anderem in die Welt der Dinosau-rier, der Säugetiere und Menschen aus allen Regionen der Welt, der Vögel, Rep-tilien und Amphibien, aber auch in den Weltraum eintauchen. Zum Museum gehört zudem ein eigenes IMAX-Thea-ter, in dem interessante Filme im 3-D-Format gezeigt werden.

Naturkundemuseum der besonderen Art

Das bereits 1869 gegründete American Museum of Natural History (AMNH) befindet sich in einer Parkanlage am Rand des Central Parks. Der Kernbau mit tempelartiger Fassade und neo-gotischen Architekturelementen stammt von Calvert Vaux, der auch an der Pla-nung des Central Park mitbeteiligt war, und J. Wrey Mould. 1877 wurde die Eröffnung gefeiert, 1936 stellte man vor der Hauptfassade eine überlebensgroße Statue von Theodore Roosevelt auf und widmete ihm zudem die Theodore Roosevelt Rotunda. Diese Konstruktion, die einer römischen Basilika ähnelt, dient als Zugangslobby mit einer Baro-saurus-Ausstellung. Das weltgrößte frei-stehende Dinosaurierskelett sorgt hier gleich zu Anfang für Staunen.

Schnell wurde das Museum zu klein: Bereits 1900 wurde deshalb der Südflü-gel angebaut, weitere Bauten folgten nach und nach bis in die 1930er-Jahre, dann gab es keine größeren Verände-rungen mehr – bis vor wenigen Jahren: 2010 wurde eine 37 Millionen Dollar teure Renovierung abgeschlossen, im Zuge derer unter anderem die Südfassa-de zwischen Columbus Avenue und Central Park West sowie das Eingangs-foyer neu gestaltet und die Ausstellungs-bereiche neu konzipiert und moderni-siert wurden.

Das 1869 gegründete American Museum of Natural History befindet sich seit 1877 am Rand des Central Park. Es gilt als weltweit größtes Naturkundemuseum (oben u. rechts unten). Zum Museum gehört das Rose Center mit dem Hayden Planetarium. Die New York Historical Society lässt die Geschichte New Yorks aufleben (rechts oben).

Von Dinosauriern und Indianern

Das AMNH präsentiert die Geschichte der Erde und des Menschen von der Urzeit bis ins Weltraumzeitalter. Zu den Höhepunkten gehören die Dioramen, die in Originalgröße unterschiedlichste Lebensbereiche in Afrika, Asien und Nordamerika nachbilden. Beeindruckend sind die Rekonstruktionen von Dinosauriern oder Walen, aber auch Originale wie ein Stück eines Meteoriten, der »Star of India«, der größte Saphir der Welt, und ein kolossales Haida-Kanu sind ausgestellt. Letzteres befindet sich am Zugang zur hochinteressanten Hall of Northwest Coast Indians. In der Bernard and Anne Spitzer Hall of Human Origins ist die umfangreiche anthropologische Sammlung zur Geschichte der Menschen in Asien, im Pazifikraum, Afrika und zu den Ureinwohnern Amerikas ausgestellt.

Blick ins Weltall

Neben dem IMAX-Kino ist dem Museum auch das Hayden Planetarium angeschlossen. Es existiert seit 1935 und ist seit 2000 in dem spektakulären Glaskubus, der »Cosmic Cathedral«, als Teil des Rose Center of Earth & Space untergebracht. Rund um die Planetariumkugel wird der Besucher über den »Heilbrun Cosmic Pathway« durch die verschiedenen Phasen der Entstehung und Ausbildung des Universums geführt. Im »Big Bang Theater« gibt es eine Kurzdemonstration des »Urknalls«. Verschiedene Filme und Bücher spielten bereits in diesem Museum, z.B. die Romane *Relic – Museum der Angst* und *Attic – Gefahr aus der Tiefe* von Douglas Preston und Lincoln Child sowie die Hollywood-Komödie »Nachts im Museum« (2006) mit Ben Stiller und Robin Williams.

NEW YORKS GESCHICHTE LEBENDIG GEMACHT

Die 1804 gegründete **New York Historical Society** beschäftigt sich mit der Geschichte der Stadt und gilt als ältestes Museum New Yorks. Ihre Sammlung ergänzt perfekt das Museum of the City of New York (siehe 35. Museum Mile, Seite 118). Sie umfasst historische Gegenstände unterschiedlichster Genres sowie Kunsthandwerk, Skulpturen und Gemälde amerikanischer Künstler aus mehreren Jahrhunderten. Im vierten Obergeschoss wurde das Magazin zum öffentlich zugänglichen Ausstellungsbereich umgestaltet. Hier hat man Gelegenheit, hinter die Kulissen einer Sammlung zu schauen. Bis November 2011 finden noch Renovierungen statt, während der neue Ausstellungssäle entstehen und die Fassade ein Facelift erhält.

WEITERE INFORMATIONEN ZUM AMERICAN MUSEUM OF NATURAL HISTORY

Central Park West/79th Street,
www.amnh.org
New York Historical Society:
170 Central Park West/76th–77th Street,
tgl. 10–17.45 Uhr, $ 16
www.nyhistory.org

Harlems Blütezeit fällt in die 1920er-Jahre, damals entstanden schöne Brownstone-Reihenhäuser, die heute teils unter Denkmalschutz stehen. Gleichzeitig blühte die Musikszene auf und Jazzkneipen entstanden. Nach Jahren des Verfalls erlebt das Viertel ein Comeback, viele neue Läden und Lokale Läden entstehen (alle Bilder).

39 Harlem

Die »schwarze Hauptstadt«

Es war nicht allein die Basketball-Showtruppe »Harlem Globetrotters« – die übrigens in Chicago gegründet wurde und heute in Los Angeles zu Hause ist –, die Harlem, das einstige »Black Capital of the Western World«, die »schwarze Hauptstadt«, weltberühmt machte. Das Viertel, das nördlich der 110th Street und damit jenseits der Nordgrenze des Central Park beginnt und dessen Hauptachsen die 7th Avenue (Adam Clayton Powell Jr. Blvd.) und die 125th Street (Martin Luther King Jr. Blvd.) sind, hat viel mehr zu bieten.

Wie von Duke Ellington in dem Jazz-Klassiker »Take the A-Train« besungen, war die 125th Street gleichbedeutend mit Exotik, Erotik, Sex, Alkohol und Vergnügen. Hier steht auch das unlängst renovierte Apollo Theater. Der äußerlich unauffällige Theaterbau wurde 1914 eröffnet und entwickelte sich in den 1920er- und 1930er-Jahren zu Harlems beliebtester Showbühne, auf der legendäre schwarze Künstler wie Bessie Smith, Duke Ellington und Billy Holliday auftraten. Nach dem Zweiten Weltkrieg begannen Charlie Parker, Dizzy Gillespie und Aretha Franklin sowie James Brown und Gladys Knight ihre Karrieren im »Apollo«, viele während der bis heute jeden Mittwoch stattfindenden »Amateur Night«.

»Harlem Renaissance«
Harlems große Zeit fiel in die 1920er-Jahre, als die sogenannte »Harlem Renaissance« um sich griff und die Afroamerikaner ein neues Selbstbewusstsein entwickelten. An der künstlerischen Bewegung der »Harlem Renaissance« waren die unterschiedlichsten Genres der Kulturszene beteiligt – Literatur, bildende Kunst, Tanz und Musik –, und in jener Zeit entstanden zahlreiche Theaterbühnen, Klubs und Kneipen wie das »Apollo« oder der »Cotton Club«.

Nach den anschließenden Jahrzehnten des Verfalls und Niedergangs erlebt Harlem inzwischen seit den späten 1990er-Jahren eine neuerliche Renaissance. Die Kriminalitätsrate sank drastisch, und für viele New Yorker ist Harlem zur guten Adresse geworden. Schicke Shops und noble Restaurants schießen aus dem Boden – allerdings droht gleichzeitig Gefahr, dass die ehemaligen Bewohner weiter nach Norden verdrängt und sich die Infrastruktur von Harlem komplett verändert.

Geschäftiges Treiben herrscht an allen Ecken von Harlem, Cafés laden zum Verweilen ein, das Nachtleben ist spannend (oben); doch es lassen sich auch gemütliche Orte finden (rechts). Kirchen findet man praktisch an jeder Straßenecke in Harlem (rechts unten). Angenehm nächtigen kann man in Easyliving Harlem (rechts oben).

Vom beschaulichen Dorf zur »Black Capital«

Der von Holländern um 1658 gegründete Ort blieb lange ein ländliches Idyll, das von den New Yorkern als Ausflugsziel und wegen der deutschen Biergärten geschätzt wurde. Der Versuch, Harlem um 1900 zum Nobelvorort New Yorks zu machen, scheiterte jedoch, da er vielen zu abgelegen war, und so waren die Spekulanten froh, die Immobilien an afroamerikanische Zuwanderer vermieten zu können, die in den 1920er-Jahren aus dem wirtschaftlich darniederliegenden Südstaaten hierher strömten. Um 1930 wohnte bereits eine Viertelmillion Menschen in Harlem. Harlem gliedert sich in verschiedene Regionen: East Harlem (»El Barrio« oder Spanish Harlem) zwischen Harlem River und Randall's Island, West Harlem mit Morningside Heights, Manhattanville und Hamilton Heights (Sugar Hill), Central Harlem um die 125th Street sowie Washington Heights und Inwood im äußersten Norden Manhattans. Hamil-

ton Heights (West 141st–145th Street) war als »Harlem Heights« oder »Sugar Hill« Heimat afroamerikanischer Persönlichkeiten wie Count Basie, Duke Ellington und Boxer Sugar Ray Robinson.

Eine Hochschule und viele Kirchen

Westlich von Harlem breitet sich Morningside Heights, die Heimat der Columbia University, aus. Um 1800 bestand dieses Areal noch aus Wildnis mit drei Farmhäusern. Auch nachdem um 1870 der Riverside Drive und der Park von Olmsted angelegt worden war, blieb es zunächst beschaulich. Das sollte sich erst 1880 ändern, als die Hochbahn Upper Manhattan erreichte und 1892 Baumaschinen anrückten, um mit der Errichtung der Cathedral of St. John the Divine zu beginnen. Fünf Jahre später feierte man die Gründung der Columbia University, einer der ältesten und zugleich angesehensten Hochschulen Amerikas.

Viele Besucher kommen wegen der Gospelmessen nach Harlem – es gibt sie

sogar als Bestandteil organisierter Touren. Wer jedoch das »ungeschminkte« Harlem erleben möchte, sollte auf eigene Faust einen Sonntagsgottesdienst besuchen – von Anfang bis Ende. Gelegenheit dazu gibt es nicht nur in der berühmt gewordenen Abyssinian Baptist Church, der ältesten »schwarzen Kirche« New Yorks von 1908, sondern beinahe an jeder Straßenecke.

Sehenswerte Museen

Über die Geschichte des Viertels und seine Bevölkerung informiert das Schomburg Center for Research in Black Culture, das größte Forschungszentrum für afroamerikanische und afrikanische Kultur in den USA. Es ging aus einer Stiftung von 1926 von Arthur(o) Alfonso Schomburg (1874–1938) hervor und umfasst mehrere Abteilungen, wobei die Bestände wechselweise gezeigt werden. Das Archiv birgt rund 3500 seltene Bücher und Pamphlete, 500 Manuskripte, Notenblätter, Fotos und Drucke, Ton-

bandaufzeichnungen, Musikaufnahmen und Videos. Daneben gibt es eine Bibliothek mit mehr als 125 000 Bänden und ein vielseitiges Programm an Ausstellungen, Konzerten, Vorträgen und Lesungen.

Das 1968 gegründete Studio Museum präsentiert vor allem in Wechselausstellungen zeitgenössische afroamerikanische und afrikanische Kunst aus eigenen Beständen und beherbergt außerdem ein großes Fotoarchiv mit historischen Aufnahmen von Harlem. Die Einrichtung hat sich zum Ziel gesetzt, afroamerikanische Künstler und afrikanische Kunst und Kunsthandwerk bekannt zu machen und schwarzen Künstlern ein Forum zu geben. Zum Museum gehören ein kleiner Skulpturengarten und ein Informationsstand der Stadt.

Jedes Jahr im August gibt es übrigens während der Harlem Week mit vielerlei Veranstaltungen, Kino, Konzerten und Basketballturnieren Gelegenheit, das Viertel besser kennenzulernen.

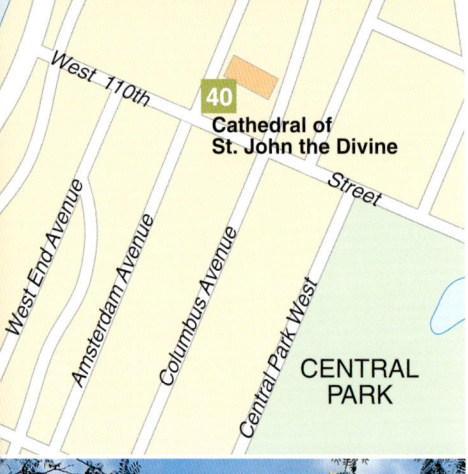

Zwar begann man schon 1892 mit dem Bau der Cathedral of St. John the Divine, doch wie bei vielen alten gotischen Kirchenbauten ist das Vorhaben noch nicht abgeschlossen (oben). Dennoch werden im Inneren bereits Gottesdienste abgehalten (unten). An der Fassade und im Inneren sind zahlreiche schmuckvolle Details zu sehen (rechts).

40 Cathedral of St. John the Divine

Die ewige Baustelle

Die Cathedral of St. John the Divine ist ein Kuriosum: ein Kirchenbau, für den bereits 1892 der Grundstein gelegt wurde und der bis heute nicht fertiggestellt ist.

Der Grund dafür, dass die Bauarbeiten gar so lange dauern, ist, dass die Kathedrale nur aus Spenden finanziert und unter Einsatz mittelalterlicher Konstruktionsmethoden gebaut wird. Im romanischen Stil begonnen, entschied man sich 1911 für die Gotik.

Größte Kathedrale der Welt

Heute fehlen noch die Westtürme, der Vierungsturm und das südliche Querschiff, und in etwa 50 Jahren soll der Bau als größte Kathedrale der Welt – bei rund 200 Metern Länge und 42 Metern Höhe würde hier selbst die Statue of Liberty Platz finden! – ins Guinnessbuch eingehen.

Bereits jetzt beeindruckt die Kirche, die rund 10 000 Besuchern Platz bietet, mit ihren Ausmaßen sowie ihren Kunstwerken und Architekturdetails wie etwa der Fensterrosette über der Westfassade oder der New Yorker Skyline an einem Kapitell im Mittelschiff. Sehenswert sind auch die St. Ambrose Chapel sowie die insgesamt 150 Buntglasfenster, auf denen unterschiedliche Motive und Szenen dargestellt sind. Darüber hinaus gehört zur Cathedral of St. John the Divine ein Skulpturengarten und ein Bibelgarten für Kinder. Eine weitere Besonderheit: Alljährlich am 4. Oktober, dem St. Francis Day, werden hier in einer Messe Haustiere gesegnet.

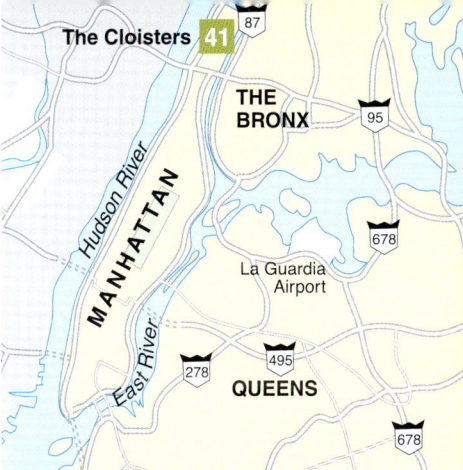

41 The Cloisters

Ein Museumskloster am Hudson River

The Cloisters wurde dank des großzügigen John D. Rockefeller aus mittelalterlichen Originalteilen, kombiniert mit Rekonstruktionen, erbaut und mit Schätzen aus dem Metropolitan Museum gefüllt.

Der Blick von der West Terrace an der Nordostecke von The Cloisters – einer Zweigstelle des Metropolitan Museum of Art – auf den Hudson River und auf die 1931 eröffnete, 2,5 Kilometer lange George Washington Bridge ist schon einzigartig, doch das Museum selbst ist es noch mehr. Man fühlt sich in ein altes Kloster irgendwo in Südeuropa versetzt, und tatsächlich wurde das Kloster in den 1930er-Jahren aus verschiedenen Originalteilen mittelalterlicher Bauwerke errichtet, die man äußerst geschickt mit Rekonstruktionen kombinierte. Seither sind in diesen Räumlichkeiten wertvolle mittelalterliche Exponate untergebracht.

Schätze mittelalterlicher Kunst

The Cloisters im Fort Tryon Park (99 Margaret Corbin Drive) beherbergt die Museumsabteilung für europäische Kunst des Mittelalters, vor allem für die Architektur vom 9. bis 15. Jahrhundert. In den verschiedenen Räumen, Sälen und Kapellen befinden sich etwa 5000 Exponate verschiedener Genres aus romanischer und gotischer Zeit, zusammengetragen aus europäischen Sakralbauten, vor allem aus Spanien und Frankreich. Zu den Kostbarkeiten des Museums gehören auch Gobelins aus Brüssel, gotische Stundenbücher, mittelalterliche Sakralgegenstände und sogar Kartenspiele.

An der Nordspitze Manhattans fühlt man sich in ein südeuropäisches Kloster versetzt, hier der Säulenumgang (links). Auch von außen gleicht das Cloisters eher einer Kirche (oben); tatsächlich wurden bei dieser Zweigstelle des Metropolitan Museum originäre mittelalterliche Bauteile aus Spanien oder Südfrankreich zusammengetragen (unten).

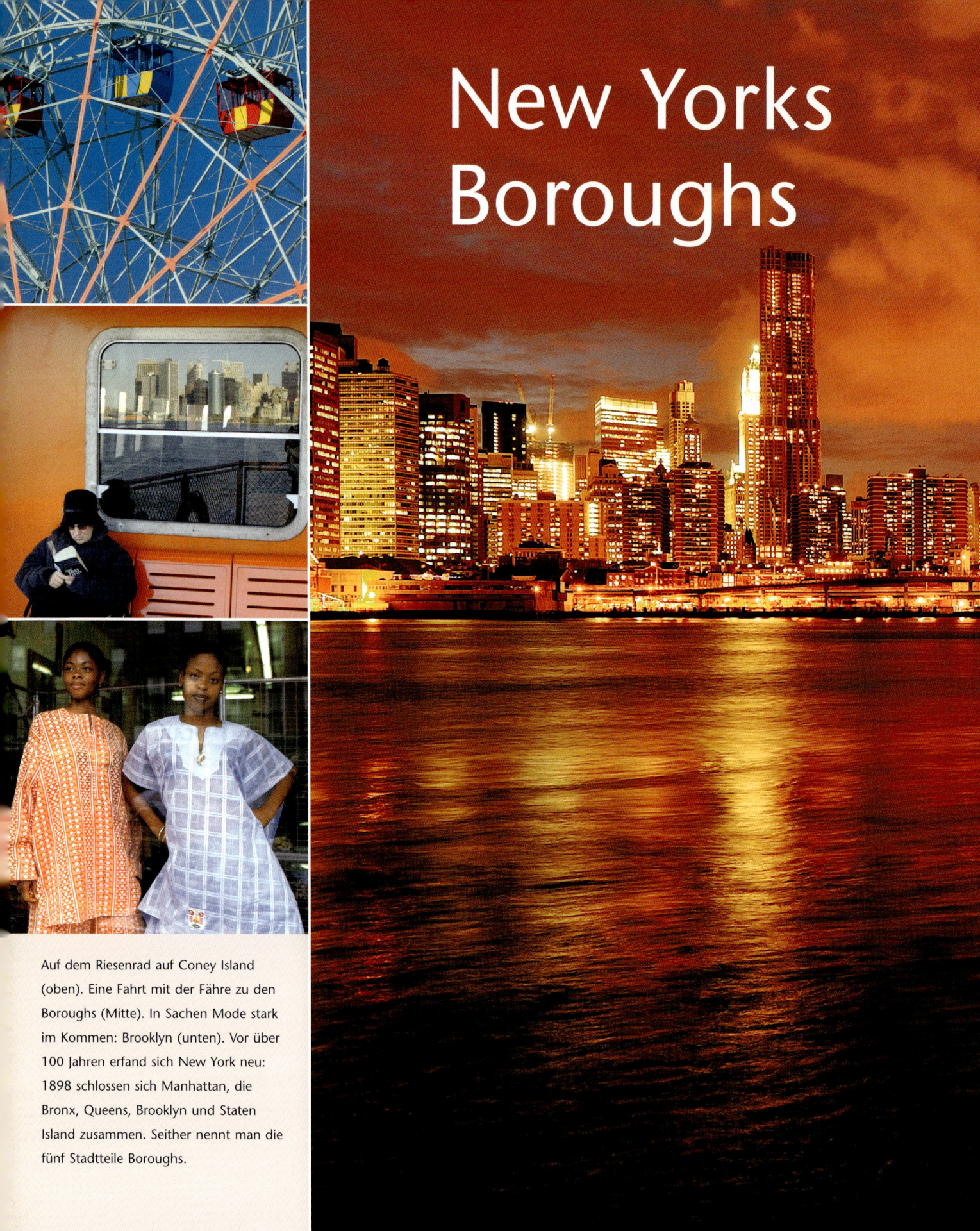

New Yorks Boroughs

Auf dem Riesenrad auf Coney Island (oben). Eine Fahrt mit der Fähre zu den Boroughs (Mitte). In Sachen Mode stark im Kommen: Brooklyn (unten). Vor über 100 Jahren erfand sich New York neu: 1898 schlossen sich Manhattan, die Bronx, Queens, Brooklyn und Staten Island zusammen. Seither nennt man die fünf Stadtteile Boroughs.

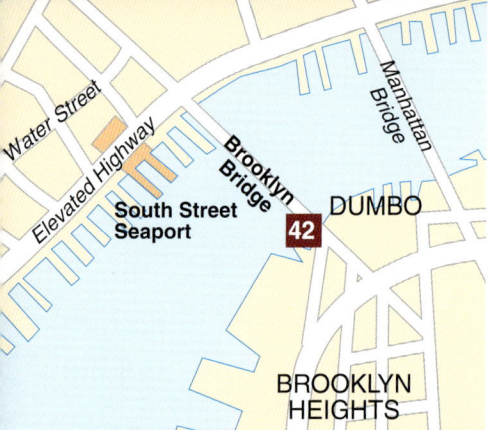

Zu den unvergesslichen Erlebnissen eines New-York-Besuchs gehört ein Spaziergang über die Brooklyn Bridge (oben), über die man auch das historische Viertel Brooklyn Heights erreicht (unten). Die Brooklyn Bridge gilt als Meisterleistung des deutschen Ingenieurs Johann August Röbling; im Hintergrund sieht man die Manhattan Bridge (rechts).

42 Brooklyn Bridge

Medizin für die Seele

1898 war ein einschneidendes Jahr für New York City: Damals wurden die Bronx, Queens, Brooklyn und Richmond – Letzteres 1975 in »Staten Island« umbenannt – in die vormals nur aus der Insel Manhattan bestehende New York City eingemeindet. Über Nacht war New York mit rund 3,5 Millionen Einwohnern zur größten Stadt der Welt geworden. Brooklyn selbst galt damals schon als die viertgrößte Stadt der USA nach New York, Philadelphia und Chicago.

Der größte Teil New Yorks liegt auf Inseln und war somit von jeher flächenmäßig begrenzt. Einzige Ausnahme ist die Bronx, die sich auf Festland befindet. Östlich von Manhattan, das einem ausgestreckten Finger gleich von Hudson und East River umflossen wird, liegt Long Island – »The Island« – eine rund 190 Kilometer lange Atlantikinsel, deren westlichen Teil die beiden New Yorker Stadtteile Queens und Brooklyn ausmachen.

Spaziergang über die Brooklyn Bridge

Zu den unvergesslichen Erlebnissen eines New-York-Besuchs gehört ein Spaziergang über die Brooklyn Bridge. Von dieser ältesten New Yorker Brücke eröffnen sich spektakuläre Ausblicke auf die Südspitze Manhattans. Man sagt ihr sogar heilsame Wirkung nach: Der Dichter Walt Whitman (1819–1892) schwärmte einmal von einem solchen

Spaziergang als »beste und wirkungsvollste Medizin, die meine Seele bisher genossen hat«. Als die Brooklyn Bridge 1883 als erste und längste Hängebrücke aus Stahl eröffnet wurde, lobten Ingenieure, Künstler und Fotografen das »technische Wunderwerk« in höchsten Tönen. Viele Menschen hatten jedoch Angst, über die 40 Meter hohe Brücke zu gehen. Bei den Eröffnungsfeierlichkeiten brach dann auch eine Panik aus, als eine Frau stolperte – 34 Menschen kamen dabei ums Leben.

Die Brücke stellte erstmals eine sichere Verbindung zwischen den damals noch unabhängigen Städten Manhattan und Brooklyn her. Vorher war man für die Überquerung des East River auf wetterabhängige Fähren angewiesen gewesen. 1875 war der »Brooklyn Tower« fertig, ein Jahr später folgte der »New York Tower«, und am 24. Mai 1883, nach insgesamt 14 Jahren Bauzeit, war es dann so weit: Am Eröffnungstag ratter-

Die Brooklyn Bridge wurde 1883 eingeweiht; sie führt hinüber in das neu erblühte Brooklyn (oben u. Mitte). Blick von der Brooklyn Bridge auf Downtown Manhattan (unten u. rechts oben). Ein Teil des Brooklyn Bridge Parks (rechte Seite unten). Blick von der Brooklyn Heights Promenade auf die nächtliche Skyline Manhattans (rechte Seite oben).

ten 1800 Fahrzeuge über die Brücke, und über 150 000 Passanten gingen zu Fuß darüber. Zunächst fuhren die Pferdefuhrwerke auf der Außenbahn, die Straßenbahnen auf der »zweiten Spur«, und die Fußgänger liefen auf dem um 5,50 Meter höher gelegten Mittelstreifen. Dieser dient noch heute als Fuß- und Radweg, auf der Hauptfahrbahn sind freilich nur noch Autos unterwegs.

Deutsche Präzisionsarbeit

Die Pläne für die Brooklyn Bridge stammten von dem Thüringer Ingenieur und Erfinder des Drahtseils, Johann August Röbling (Roebling), und seinem Sohn Washington. Roebling hatte 1867 den Auftrag erhalten, das Bauwerk zu konstruieren, und sollte 8000 Dollar dafür bekommen. 1869 starteten die Bauarbeiten, die am Ende 18 Millionen Dollar verschlangen. Der Planer selbst erlebte die Vollendung seines Werkes nicht, er war drei Wochen nach Baubeginn an Wundstarrkrampf gestorben. Er war eines von 27 Opfern, die der Bau

der Brücke, an dem rund 600 Arbeiter beteiligt waren, forderte. Sohn Washington übernahm die Leitung der Bauarbeiten, doch er erkrankte bei der Besichtigung der Pfeilerfundamente 1872 im Senkkasten an der sogenannten Taucherkrankheit und war seither an den Rollstuhl gefesselt. Fortan war vor Ort seine Frau Emily tätig – sie überquerte bei der Eröffnung auch als Erste die Brücke.

Zu den revolutionären technischen Neuerungen gehörten Senkkästen und Tragseile, die das Ausheben der Pfeilerfundamente im Trockenen erlaubten. In den beiden 84 Meter hohen Granithauptpfeilern, die mit ihren gotischen Doppelbögen Stadttoren gleichen, befinden sich je vier gusseiserne Ankerplatten für vier Stahlseile. Diese bestehen aus je 19 ummantelten Strängen von insgesamt 5657 Kilometer Zink-galvanisierten Drahts. Zur Verstrebung dienen weitere diagonale und vertikale Seile, die oben am Hauptseil und unten an den Stahl-Bodenträgern befestigt wurden.

Brooklyn Heights

Südlich des Brückenkopfes in Brooklyn, oberhalb der Lagerhallen an den Piers, waren im Laufe des 19. Jahrhunderts die Vorgärten für die Villen der reichen Unternehmer angelegt worden, in den Straßen dahinter standen die *brownstones* – Reihenhäuschen, deren Name auf das anfangs rosafarbene, sich im Laufe der Zeit aber braun verfärbende Baumaterial, den lokalen Sandstein, zurückgeht.

Das Viertel namens Brooklyn Heights war bereits nach Einrichtung der Fährverbindung mit Manhattan im Jahr 1814 entstanden. In dem 1965 zum ersten »Historic District« New Yorks erklärten Stadtteil leben und lebten auch bekannte Schriftsteller wie Henry Miller, Thomas Wolfe, Arthur Miller, Norman Mailer, Truman Capote oder Paul Auster. Zum Fluss hin vorgelagert ist die Brooklyn Promenade, eine Uferpromenade, von der aus sich die Hochhauskulisse Lower Manhattans, speziell bei Sonnenuntergang, höchst fotogen ausnimmt.

Brooklyn Bridge Park

Derzeit greift das Revival Brooklyns auch auf die alte Hafenfront über. Die alten Piers südlich der Brooklyn Brigde bis zum Viertel Red Hook werden derzeit zu Parks, Eventräumen und Naturarealen umgestaltet. Als Teil des Brooklyn Bridge Park wurde bereits im März 2010 Pier 1, südlich der Brücke und Fulton Ferry Landing, eröffnet, Pier 6 am Fuße der Atlantic Avenue, mit Fähranlegestelle, folgte im Frühsommer 2010. Voraussichtlich 2013, wenn das ganze Projekt abgeschlossen ist, sollen gut zwei Kilometer von der Manhattan Bridge bis zur Atlantic Avenue mit Grünanlagen und Fahrradwegen, Bühnen, Spielflächen, aber auch renaturiertem Marschland und Fishing Piers ausgestattet sein.

COCKTAIL ODER PIZZA

Quasi unter dem Pylon der Brooklyn Bridge bietet das **River Café** in Brooklyn (1 Water Street, Tel. 718-522-5200, www.rivercafe.com) bei Sonnenuntergang das wohl romantischste Erlebnis, das man in New York haben kann: Im Terrace Room kann man ab 17 Uhr an der Bar einen Cocktail schlürfen und dabei den Ausblick auf Fluss und Skyline genießen. Im Restaurant werden anschließend hervorragende dreigängige Gourmet-Menüs serviert (Reservierung angeraten). Beliebt ist auch der Sunday Brunch. Für erstklassige Pizza ist hingegen **Grimaldi's Coal Brick-Oven Pizzeria** (19 Old Fulton Street) bekannt. Vor dem Lokal, das sich ebenfalls im Schatten der Brooklyn Bridge, am Rande des Viertels DUMBO, befindet, stehen selbst die sonst ungeduldigen New Yorker gerne um einen Tisch an.

WEITERE INFORMATIONEN ZUR BROOKLYN BRIDGE

Brooklyn Tourism and Visitors Center: Brooklyn Borough Hall, 209 Joralemon Street, www.visitbrookyln.org
Brooklyn Bridge Park: www.brooklynbridgepark.org

43 Brooklyn Museum of Art

Der zweitgrößte Kunsttempel New Yorks

Nach dem Metropolitan Museum ist das Brooklyn Museum das zweitgrößte Kunstmuseum der Stadt. Es präsentiert ein breites Spektrum von ägyptischer bis zeitgenössischer Kunst.

Das Brooklyn Museum of Art (200 Eastern Parkway) und der angrenzende Brooklyn Botantic Garden liegen in der »guten Stube« Brooklyns, dem Prospect Park. 1910 war dieser von Frederik L. Olmsted, der zuvor schon den Central Park geplant hatte, angelegt worden.

1897 war das erste »Brooklyn Institute of Arts and Sciences« als Teil eines Kulturbezirks mit Botanischem Garten, Zoo und Bibliothek nach Plänen des bekannten Architekturbüros McKim, Mead & White mit einer mächtigen, tempelartigen Eingangsfront eröffnet worden. Dem an das römische Pantheon erinnernden Zentralbereich der Institution wurden 1926 zwei mächtige Seitentrakte zugefügt. Für Schlagzeilen sorgte im April 2004 ein Glaspavillon, erbaut von Polshek Partnership Architects, und ein neu gestalteter Vorplatz mit Brunnen und Fontänen.

Breites Spektrum an Kunstwerken

Im Erdgeschoss des Brooklyn Museum of Art finden Wechselausstellungen statt, und es gibt Abteilungen über Indianer sowie über Afrika. Der erste Stock widmet sich der asiatischen Kunst, während im nächsten Stockwerk die Antike von Ägypten über Griechenland bis Rom im Mittelpunkt steht. Die nächsten Etagen zeigen amerikanische Kunst: Möbel, Kunsthandwerk, Gemälde und Skulpturen. Ein Kontrastprogramm bietet der angrenzende Brooklyn Botanic Garden, besonders während der Kirschblüte.

Das Brooklyn Museum of Art ist das zweitgrößte Kunstmuseum von New York City nach dem Metropolitan Museum. Es präsentiert in mehreren Abteilungen bedeutende Kunstwerke der verschiedensten Epochen und geografischen Regionen (oben u. rechts). Hier ein Blick in die ägyptische Abteilung (rechte Seite).

"THOUGH [IT W
sculpture] alone
are not always the
pieces was a monu

[of Egyptian
numentality
he Egypti

44 Brooklyns bunte Stadtviertel

»Last Exit to Brooklyn«

1964 machte der Roman *Last Exit to Brooklyn* nicht nur den Verfasser Hubert Shelby weltberühmt. Er ließ zugleich Brooklyn aus dem Schatten New Yorks heraustreten. Und das, obwohl Brooklyn in dem Roman durchaus nicht schmeichelhaft, sondern eher kritisch als »Schlund von New York« geschildert wurde.

Wer heute Brooklyn besucht, wird kaum mehr verstehen, wie es zu diesem schlechten Ruf kam. In den späten 1990er-Jahren wurde Brooklyn von einer bis heute ungebremsten Aufbruchsstimmung erfasst, die den »Hinterhof New Yorks« zur trendigen Adresse werden ließ und den »Brooklynites« zu neuem Selbstbewusstsein verhalf: »Brooklyn's back. It's hip. It's hot.«

Der »Big Mistake«

1646 hatten die Niederländer gegenüber »Nieuw Amsterdam«, dem heutigen Manhattan, auf Long Island die Siedlung »Breukelen«, das heutige Brooklyn, gegründet. Aus dem Dorf entwickelte sich rasch ein Industriestandort, der nach dem Zweiten Weltkrieg einen starken Immigrantenzustrom erlebte, gleichzeitig aber wirtschaftlich und sozial verfiel. Den Zusammenschluss mit New York betrachtet man hier noch heute als »Big Mistake« (»Großen Fehler«), ging doch damit viel von Brooklyns eigenständigem Charakter verloren.

Die vielen Gesichter Brooklyns

Längst sind aber nicht nur die hübschen Brownstone-Häuschen in Brooklyn Heights ein Eyecatcher, auch andere Viertel erfreuen sich regen Zuspruchs: Williamsburg und Greenpoint mauserten sich zu neuen Boheme-Vierteln und die Wohnviertel Cobble Hill, Boerum Hill und Carroll Gardens in South Brooklyn sind »in«, dazu ist im einstigen Hafenviertel Red Hook ein neuer Hafen für Kreuzfahrtschiffe entstanden. Auch die Steiner Studios im Brooklyn Navy Yard am East River tragen zum Aufschwung bei und sollen Brooklyn zum »zweiten Hollywood« machen.

Seit einigen Jahren lockt nördlich der Brooklyn Bridge das ehemalige Hafenviertel DUMBO – »Down Under the Manhattan Bridge Overpass« – mit einer ausgefallenen kulinarischen und künstlerischen Szene. Nur einen kurzen Spaziergang von Brooklyn Heights über die Haupteinkaufsstraße, die Montague Street, oder aber durch »Brooklyn's Orient« entlang der Atlantic Avenue entfernt, liegt Downtown Brooklyn mit der

Das Pendant zum Central Park ist in Brooklyn der Prospect Park (oben). An die grüne Lunge des Boroughs Brooklyn schließt sich das Viertel Park Slope an (unten). In einem Brownstone spielte die TV-Kultserie »Cosby Show« (rechts unten). Im grünen denkmalgeschützten Viertel Midwood heißt das Strange Dog Inn Gäste willkommen (rechts oben).

Borough Hall, dem Rathaus, und dem sehenswerten New York Transit Museum. In einer alten Subway-Station aus den 1930er-Jahren erfährt man Interessantes über die New Yorker U-Bahn.

Kunst und Kultur

Im Viertel Fort Greene, dem Areal, wo sich Fulton Street und Flatbush Avenue kreuzen, befinden sich nicht nur die Designerboutiquen überwiegend afroamerikanischer Modeschöpfer, afrikanische Restaurants und Szenetreffs, sondern auch »BAM«, die weit über die Stadtgrenzen hinaus bekannte Brooklyn Academy of Music (30 Lafayette Avenue), Sitz des 1858 gegründeten Brooklyn Philharmonic Orchestra.

Eine weitere Kunsteinrichtung hat Brooklyn weltberühmt gemacht: das Brooklyn Museum (siehe S. 140), das wie der angrenzende Brooklyn Botanic Garden Teil des Prospect Park ist. 1910 war dieser von Frederik Law Olmsted, der rund vier Jahrzehnte zuvor den Central Park geplant hatte, angelegt worden. Der Hauptzugang befindet sich an der Grand Army Plaza, den der mächtige »Soldiers' and Sailors' Arch« aus dem Jahr 1870 schmückt. Ganzjährig findet hier samstags ein Wochenmarkt statt.

Kleinstadtflair und ethnische Enklaven

Südlich davon breitet sich Flatbush aus, das zwischen 1898 und 1910 entstandene Viertel der besser verdienenden, großteils jüdischen New Yorker. In manchen Teilen von Flatbush, so in Midwood, vermitteln parkartige Wohnalleen fast schon Kleinstadtflair.

Bensonhurst, noch weiter im Süden, gilt als das alte Italienerviertel, und das spürt und hört man besonders entlang der Hauptachse, der 18th Avenue. Das östlich davon gelegene Bay Ridge – ein buntes Wohnviertel – kennt man aus dem Fernsehen: Hier befindet sich die Verrazano Narrows Bridge, auf der alljährlich der berühmte New York Marathon startet.

In eine komplett andere, fremde Welt taucht man hingegen in Crown Heights ein. Hier sind vor allem orthodoxe Lubawitscher Juden, eine Hauptgruppe der Chassidim (Ostjuden), zu Hause, deren männliche Gemeindemitglieder durch lange Mäntel, hohe, fellumrandete Hüte, lange Bärte und Seitenlocken auffallen. Williamsburg ist seit der Eröffnung der Williamsburg Bridge im Jahr 1903 ein zweites chassidisches Zentrum, gilt aber auch als »Brooklyn's East Village«, als buntes, multi-ethnisches Viertel rund um die Bedford Avenue. In der 11th Street hält die Brooklyn Brewery die Fahne für das einstige Bierzentrum Brooklyn hoch – um 1880 sollen etwa 50 der insgesamt 70 Brauereien New Yorks in diesem Viertel ihr Bier produziert haben.

GANZ WIE ZU HAUSE IM STRANGE DOG INN

Das **Strange Dog Inn** steht mitten in Midwood, in einem ruhigen, denkmalgeschützten Brooklyner Wohnviertel mit parkartigen Alleen, nur eine gute halbe Stunde mit der Subway von Manhattan entfernt. Hier vermieten Paula und Gail Monroe in ihrem schönen Haus von 1906 ein geräumiges Apartment unter dem Dach (für bis zu vier Personen) mit zwei Schlafzimmern, Kochnische und großem Bad. Im Preis enthalten sind sämtliche Steuern, ein U-Bahn-Ticket für die gesamte Aufenthaltsdauer, Kaffee, Tee, Kekse und andere Getränke sowie ein mehrgängiges Gourmet-Frühstück. TV, Telefon, Stereoanlage und Video, Gratis-WiFi und Bibliothek stehen Gästen zur Verfügung. Die Besitzer sind überaus ortskundig und geschickt, wenn es darum geht, Tickets zu besorgen, Termine zu vereinbaren oder Vorschläge für Besichtigungen zu machen.

WEITERE INFORMATIONEN ZU »LAST EXIT TO BROOKLYN«

Strange Dog Inn: 51 DeKoven Court, Tel. (718) 338-7051, www.strangedoginn.com
Brooklyn Brewery: www.brooklynbrewery.com

Seit den 1920er-Jahren ist Coney Island das Vergnügungsviertel der New Yorker direkt am Atlantik, leicht mit der Subway zu erreichen. Attraktionen wie das Wonder Wheel wurden unlängst durch neue Rides und Vergnügungen ergänzt und lassen Coney Island neu aufblühen (oben und rechts). Nathan's Hotdogs sind auf Coney Island legendär (unten).

45 Coney Island

»Sodom by the Sea«

Auf den Karten der ersten Siedler aus Holland tauchte die Halbinsel am Südzipfel Brooklyns noch unter dem Namen »Koenen Eyland«, »rundes Stück Land«, auf. Der moderne Name soll sich auf die einst zahlreich hier lebenden Kaninchen, *Lepus cunicula*, beziehen, verkürzt wurde daraus *cunny*, dann *cony* und schließlich *coney*. Coney Island blühte erst auf, als im Jahr 1920 die Subway als Massentransportmittel New York mit dem Strand verband.

Als es die Bahn in den 1920er-Jahren den New Yorkern erstmals ermöglichte, zur Erholung an den Atlantik zu fahren, entstand ein großer Freizeitpark mit Vergnügungen aller Art wie Luna Park, Dreamland oder Steeplechase Park. Im Dreamland wurden 1:1-Modelle des Canal Grande und von Pompeji aufgestellt – eine Art Vorläufer von Disney World –, daneben gab es Astronautenshows, eine Ministadt mit 300 kleinwüchsigen Einwohnern, den »Tunnel of Love« und riesige Fantasiebauten wie den Beacon Tower.

Coney Island galt damals als »Sodom by the Sea«, und am Wochenende erloschen die Lichter die ganze Nacht über nicht. Fast ganz New York pilgerte mit der Subway hierher. Mehrere »Roller Coaster« (Achterbahnen) wie Cyclone und Deno' Wonder Wheel, der Astroland Amusement Park und Kinderkarussells lockten die Vergnügungssüchtigen an.

Revival auf Coney Island

Dann gingen allmählich die Lichter aus, und der Verfall setzte ein. In den letzten Jahrzehnten war Coney Island als Vergnügungsort und Badestrand aus der Mode gekommen. Der legendäre Fleck war vom Untergang bedroht und sollte zum Hightech-Park umgestaltet und »modernisiert« werden. Derartige Pläne sind jetzt wieder vom Tisch, und viele der alten Attraktionen wurden reaktiviert und haben trotz allen Unkens überlebt. Zum Beispiel die spektakuläre Achterbahn Cyclone aus dem nicht mehr existenten Astroland Amusement Park. Im Sommer ist dort eine Ausstellung mit historischen Fotos und Artefakten, Karten und Filmen aus Coney Islands farbiger Vergangenheit zu sehen. Deno's Wonder Wheel Amusement Park mit Riesenrad ist ebenfalls ein Relikt alter Zeiten. Der Fallschirmturm der Weltausstellung von 1940, der 81 Meter hohe Parachute Jump, markiert das

144

An den Stränden, die dem Boardwalk vorgelagert sind, zeigt New York sein Gesicht als Badeort mit Tradition (oben). Hochzeit am Strand von Coney Island (unten). Der Cyclone ist seit jeher eine beliebte Achterbahn und Teil des Astroland Amusement Park (rechts oben und rechte Seite unten). Die Mermaid Parade (rechte Seite oben).

Gelände und ist zum Wahrzeichen von Coney Island geworden.

In den letzten Jahren erlebt New Yorks »Sommerfrische« Coney Island ein Revival. Neu hinzu kamen 2010 Zamperla's Luna Park mit 19 Fahrgeschäften, darunter zwei Achterbahnen, ein Flugsimulator, »Air Race« und »Wild River« und, brandneu, die »Scream Zone«. Der originale Luna Park war 1944 abgebrannt, jetzt hat die italienische Firma Zamperla hier die Regie übernommen.

Grüner Bahnhof, Baseball und Hotdogs

Heute ist Coney Island eine traumhaft gelegene und leicht erreichbare Ruheoase mit Vergnügungsangebot. Was »Coney« ausmacht, sind aber vor allem der legendäre Boardwalk, die hölzerne Promenade am Strand entlang, auf der Einheimische wie Besucher flanieren, und der lang gezogene vorgelagerte Sandstrand, an dem sie sich sonnen oder posieren.

Eine neue Subway-Endstation an der Stillwell Avenue macht die Anfahrt zudem attraktiv. Es handelt sich angeblich um die flächenmäßig größte U-Bahn-Station der Welt, dazu um einen »grünen« Bahnhof, technisch auf höchstem Stand. Ebenfalls neu ist der MCU Park ganz in der Nähe. In dem schmucken kleinen Stadion locken die »Brooklyn Cyclones«, das Baseball-Nachwuchsteam der Profis »New York Mets«, im Sommer die nach Baseball verrückten Brooklynites in Scharen an.

Ein Relikt alter Zeiten ist das Nathan's: Hier wurde angeblich der Hotdog – das amerikanische Nationalgericht – erfunden. Nathan Handwerker soll der Erste gewesen sein, der 1916 *grilled franks on a split roll* angeboten hat. Wie dem auch sei: Seither ist das heiße Würstchen fester Bestandteil der amerikanischen Kultur. »Nathan's Dogs« werden noch heute geschätzt, und nicht nur während des schon traditionellen Hotdog-Wettessens am 4. Juli, bei dem innerhalb von

zehn Minuten über 60 Hotdogs verzehrt werden, strömen die Menschen zu diesem Imbissrestaurant.

Aquarium und fremde Welten

Auf der Strandpromenade, vorbei an Imbiss- und Souvenirbuden, Fahrgeschäften und Spielearkaden, geht es zur einzigen größeren Attraktion Coney Island, dem New York Aquarium for Wildlife Conservation, das in den 1950er-Jahren hierher zog. Von dort ist es dann nur ein Katzensprung nach Brighton Beach, am östlichen Strandende. »Little Odessa By The Sea« symbolisiert erneut eine völlig andere Welt: laut, dicht bevölkert, etwas chaotisch und bunt.

In Brighton Beach, besser bekannt als »Little Odessa By The Sea«, betritt der Besucher eine völlig andere Welt mit kyrillischen Schildern und Zeitungen, osteuropäischer Musik und ukrainischen und russischen Spezialitäten. Als sich in

den 1970er-Jahren rund 10 000 russische, vor allem ukrainische Einwanderer zu den alteingesessenen jüdischen Bewohnern gesellten, entstand am Strand von Brooklyn eine ukrainische Enklave mit eigenem Flair. Entlang der Hauptachse des Viertels, der Brighton Beach Avenue, über der die Subway auf einer Hochbahntrasse rattert, reihen sich Shops aller Art bunt nebeneinander: russische und ukrainische Lebensmittel- und Obst-Gemüse-Läden, Bäckereien und Imbissbuden, in denen vielfach kein Englisch gesprochen wird.

Noch ein Stück weiter im Osten stößt man auf die Sheepheads Bay, ein Stück »altes New York«. Sie erinnert an jenes Fischerdorf, in dem New Yorker früher frischen Fisch kauften, heute genießen sie ihn dagegen eher in schicken Seafood-Restaurants. Im kleinen, fotogenen Hafen liegen heute mehr Ausflugsboote und private Segelboote vor Anker als Fischerboote.

Der erste Eindruck täuscht:
Dies ist kein Strand in Florida,
auch nicht an Kaliforniens
Sonnenküste, sondern dies ist
der legendäre Sandstrand auf
Coney Island.

46 Flushing Meadows Corona Park

Grüne Stube von Queens

Wie der Name »Flushing Meadows« (»Geflutete Wiesen«) andeutet, war das Gelände, auf dem 1939 und 1964 Weltausstellungen stattfanden, früher Sumpfland. Als Überbleibsel der letzten Veranstaltung ist die »Unisphere«, ein hohler Stahlball als Modell des »Big Apple«, auf dem parkartigen Areal mit seinen zwei Seen, die durch einen Bach namens »Flushing« miteinander verbunden sind.

Flushing Meadows ist die »grüne Stube« des Stadtviertels Queens. In Queens betreten die meisten Besucher erstmals New Yorker Boden, schließlich befindet sich hier der John F. Kennedy International Airport. Bekannt sind der Park und das Viertel aber auch wegen der »US Open«, dem nach Wimbledon berühmtesten Tennisturnier der Welt. Insider kennen Queens aber auch als Heimat der zweiten New Yorker Baseballmannschaft neben den Yankees: den »Mets«.

Queens – Multikulti im Schlafzimmer New Yorks

Wie Brooklyn wurde auch Queens erst durch den Brücken- und Subway-Bau erschlossen. 1909 wurde die Queensboro Bridge, eine Auslegerbrücke mit zwei Decks von fast 2,5 Kilometern Länge und 106 Metern Höhe, eingeweiht. Nach und nach begannen sich in der Folge, besser situierte New Yorker in Queens anzusiedeln, darunter viele Afroamerikaner. Auch Größen des Jazz

wie Louis Armstrong, Count Basie oder Ella Fitzgerald waren darunter – ihnen widmet sich der »Queens Jazz Trail«. Der flächenmäßig größte der fünf Boroughs ist zugleich der ethnisch vielfältigste Stadtteil und mit seinen zwei Millionen Einwohnern aus aller Herren Länder ein Musterbeispiel für multikulturelles Zusammenleben. Das kann man leicht während der Fahrt im »International Express«, der U-Bahnlinie 7 – benannt nach der Gesamtfahrstrecke von sieben Meilen – feststellen. Man nennt sie nicht ohne Grund »International Express«: Die Subway verkehrt als Hochbahn durch Queens, wo Stopps zwischen der 33rd Street und Flushing Einblicke in Orient, Lateinamerika, Irland, Indien, Mexiko, Italien und den Fernen Osten erlauben. In Astoria war auch eine deutsche und eine griechische Gemeinde vertreten. Dort pilgerten einst die New Yorker in die unzähligen Biergärten – wie beispielsweise die »Bohemian Hall« –, später siedelten sich auch Griechen an.

Die »Unisphere« in Flushing Meadows erinnert an die Weltausstellung 1964 (oben). Wie die »Yankees« ist auch die zweite New Yorker Baseball-Mannschaft, die »Mets«, in ein neues Stadion, das CitiField, umgezogen (unten). Seit 1909 verbindet die Queensboro Bridge Manhattan mit Queens (rechts unten). Die Bohemian Hall (rechts oben).

Flushing Meadows Corona Park

CitiField, der markanteste Bau des Flushing Meadows Corona Park, ist das 45 000 Zuschauer fassende Baseball-Stadion der »Mets«, das im postmodernen Stil mit Ziegelfassade errichtet und 2009 eröffnet wurde. CitiField ist eine Reminiszenz an das alte Ebbets Field, in dem zwischen 1913 und 1957 die Dodgers, seit 1958 in Los Angeles zu Hause, antraten. Die große Eingangshalle, die Jackie Robinson Rotunda, erinnert ebenfalls an vergangene Zeiten und an den gleichnamigen berühmten ersten schwarzen Baseballspieler.

Nicht weit entfernt werden im USTA Billie Jean King National Tennis Center seit 1968 die US Open ausgetragen. Anlässlich der letzten Weltausstellung entstand der Betonplattenbau, in dem sich seit 1964 die New York Hall of Science, ein interaktives Museum für Kinder und Erwachsene, mit einer interessanten Cyberspace-Abteilung, befindet.

Sehenswert ist neben der Unisphere, der 42 Meter hohen Stahl-Weltkugel, das Queens Museum of Art, speziell wegen des hier ausgestellten größten Architekturmodells der Welt. Dieses »Panorama of the City of New York« wurde ebenfalls 1964 zur Weltausstellung aufgestellt. Es besteht aus rund 895 000 Einzelteilen, die einen fantastischen Überblick über die fünf New Yorker Boroughs geben. Das 1994 von Grund auf renovierte, überaus akribische Modell wurde 2005 multimedial »modernisiert«. Auch das Museumsgebäude erfuhr im Zuge dessen eine Umgestaltung und Erweiterung.

IM BIERGARTEN UND BEI »SATCHMO«

Die legendäre **Bohemian Hall** in Queens' Stadtteil Astoria hält als letzter Biergarten in der Stadt die deutsch-tschechische Vergangenheit hoch und lockt mit einer Bar und einem urigen Restaurant. In lockerer Atmosphäre gibt es preiswerte Gerichte wie Gulasch, Piroggen, Kartoffelpuffer, Knödel und Kraut, dazu tschechisches und deutsches Bier vom Fass.

Seit einigen Jahren kann in Corona das Haus von **Louis Armstrong** besichtigt werden. Zunächst war »Satchmo« wenig angetan, was ihm seine Frau Lucille 1943 als Wohnhaus präsentierte: An »ein Bordell an einem Weihnachtsmorgen« erinnerte ihn die kitschige Ausstattung. Doch schließlich fühlte er sich doch wohl. 1971, kurz nach seinem 71. Geburtstag, starb er in dem Haus.

WEITERE INFORMATIONEN ZU FLUSHING MEADOWS

Bohemian Hall: 29–19 24th Avenue, www.bohemianhall.com, werktags nur abends,. an Wochenenden ab 12 Uhr
Louis Armstrong House Museum: 34–56 107th Street, www.louisarmstronghouse.org
New York Hall of Science: 46th Avenue/111th Street, www.nysci.org

47 Yankee Stadium

Juwel in der Bronx

Der größte Teil New Yorks liegt auf Inseln, einzige Ausnahme ist die Bronx, die sich auf Festland befindet. 1639 hatte Jonas Bronck, ein skandinavischer Seefahrer, der unter niederländischer Flagge segelte, die Region für die Dutch West India Company in Besitz genommen und gleichzeitig Land erhalten, »Bronck's Land«. 1898 wurde die Bronx dann mit dem Zusammenschluss zu »New York«.

Auch hier sorgte der Ausbau des Nahverkehrs, besonders nach dem Ersten Weltkrieg, für die Entstehung eines boomenden Wohnviertels, in dem sich verschiedenste Ethnien – Iren, Deutsche, Juden, Polen und Italiener – ansiedelten. Besonders nach dem Bau der Hochbahn (heute Subway-Linie 4) in den 1920er-Jahren blühte das Viertel auf, das legendäre Yankee Stadium und die Hauptachse, der Grand Concourse, entstanden.

Schwere Zeiten überwunden

Nach dem Zweiten Weltkrieg waren es vor allem ethnische Minderheiten, die in den uniformen Wohnblöcken der Bronx wohnten. Allmählicher Verfall der Bausubstanz und wachsende Kriminalität sorgten in den 1970er-Jahren besonders im Südteil für verheerende Zustände und brachten den Stadtteil in Verruf. Gleichzeitig erwachte aber ein ungeahntes kreatives Potenzial: Im Umfeld von Drogen, Verfall und Konflikten entstanden Hip-Hop und Breakdance als künstlerisches Ausdrucksmittel für die Misere,

von der besonders die afroamerikanische Bevölkerung betroffen war. Mittlerweile haben sich die sozialen Brennpunkte entschärft, und Teile der Bronx sind dabei, als neue, noch erschwingliche Adressen von sich reden zu machen.

»The House that Ruth Built«

Weltweit bekannt ist die Bronx als Heimat der »Yankees«, der berühmtesten, erfolgreichsten und tradidtionsreichsten Baseballmannschaft der Welt. Im Süden der Bronx befand sich das alte Yankee Stadium, in dem von 1923 bis 2008 die »Yankees« ihre Heimspiele austrugen. Früh schon wurden die »Bronx Bombers«, in New York ebenso verehrt wie andernorts gehasst – kein Wunder bei 27 bis dato errungenen Meistertiteln! Zu den berühmtesten Spielern, die jemals die »Pinstripes«, das weiße Trikot mit schwarzen Längsstreifen, trugen, gehörten Lou Gehrig, Joe DiMaggio, Yogi Berra und Babe Ruth, von dem das Stadion seinen Spitznamen hat: »The House that Ruth Built«.

Das neue Yankee Stadium ist ein prächtiger Ersatz für den traditionsreichen alten Baseballpark (oben). In der Great Hall werden die legendären Spieler der Yankees gewürdigt (unten). Rund 53 000 Zuschauer finden im neuen Stadion Platz; ein Highlight ist ein Spiel des New Yorker Traditionsklubs Yankees (rechte Seite).

LITTLE ITALY IN THE BRONX

Anders als in Lower Manhattan, wo das italienische Viertel längst von Chinatown »geschluckt« wurde und nur mehr wenige Läden und Lokale für Touristen übrig sind, prägen in der Bronx noch die italienisch-stämmigen New Yorker das Bild. Besonders entlang der Arthur Avenue – »Little Italy in the Bronx« – reihen sich italienische Cafés, Konditoreien, Lebensmittelgeschäfte, Bäckereien und Restaurants aneinander. Im Mittelpunkt steht der Arthur Avenue Market mit italienischen Spezialitätenständen.

WEITERE INFORMATIONEN ZUM YANKEE STADIUM

East 161st Street/River Avenue, www.yankees.com, Touren tägl. 9–16.40 Uhr, $ 20, Subway 4, B und D bis »161st Street – Yankee Stadium«), im Stadium befindet sich ein großer Souvenirladen »Little Italy in the Bronx«: Arthur Avenue, East 181st–188th Street, www.arthuravenuebronx.com, Subway B, D bis Fordham Road

Im Yankees Museum werden die verdienten Spieler mit Bronzetafeln geehrt (oben). Die Hymne steht am Beginn eines jeden Baseballspiels (rechts).

Gegenüber dem inzwischen abgerissenen alten Stadion eröffnete im Frühjahr 2009 das neue Yankee Stadium. Wie das CitiField der Lokalrivalen, der »Mets« in Queens, präsentiert es sich im postmodernen Retro-Look, mit einer Fassade, die an das alte Yankee Stadium erinnert. Etwa 53 000 Fans passen in das Stadion, das das Architektenbüro HOK Sport (Kansas City) geplant hat. Der »Monument Park« feiert wie die »Great Hall« die Erfolge des seit 1903 in New York spielenden Traditionsvereins, und im Yankees Museum geht es um große Augenblicke in der Vereinsgeschichte und um berühmte Spieler. Durch den Neubau erlebt auch das umgebende Viertel South Bronx, »SoBro«, gegenwärtig eine Art Revival: ein neuer Waterfront-Park, eine Esplanade am Harlem River sowie die Renovierung des Bronx Terminal Markets sind geplant.

Die Champs-Élysées New Yorks

Der Grand Concourse, eine Allee im Stil der Pariser Champs-Élysées, durchquert als Hauptachse den südlichen Teil der Bronx. 1909 war die breite Straße als Teil des »City Beautiful Movement« – eines Projekts zur Verschönerung der Stadt – eröffnet worden. Sie führt am Bronx Museum of the Arts in einer ehemaligen Synagoge mit modernem Anbau vorbei. Dort werden zeitgenössische Kunst aus Afrika, Asien, Lateinamerika und aus der Bronx sowie interessante Wechselausstellungen gezeigt. Im Nordwesten der Bronx liegt der Bronx Zoo, der weltweit größte Tiergarten innerhalb eines Stadtgebiets. An ihn grenzen der Campus der Fordham University sowie Little Italy of the

Bronx rund um die Arthur Avenue an. Am Ostrand des Van Cortlandt Park mit dem Van Cortlandt House Museum dehnt sich der riesige Woodlawn Cemetery aus, seit 1863 die letzte Ruhestätte vieler prominenter New Yorker wie F. W. Woolworth, des Schriftstellers Herman Melville, Duke Ellington und des Kaufhausgründers Macy.
Schon wegen der prächtigen Gartenanlagen lohnt Wave Hill, ein 1843 erbautes elegantes Landgut im Greek-Revival-Stil, den Besuch. Theodore Roosevelts Familie soll 1870 und 1871 die Sommermonate hier verbracht haben, und der Schriftsteller Mark Twain genoss die Ruhe ebenso wie der Dirigent Arturo Toscanini. Heute ist dies ein botanischer Garten und Kulturtreffpunkt. Reizvoll ist der Blick über die Palisades, wie die malerischen Klippen am gegenüberliegenden Westufer des Hudson River heißen.

48 Bronx Park und Zoo

Wilde Tiere mitten in der Stadt

Im Nordwesten der Bronx befindet sich der Bronx Park, dessen südlichen Teil der Zoo als Teil des Wildlife Conservation Center einnimmt. Der 1899 gegründete Zoo gilt als weltweit größter Tiergarten innerhalb eines Stadtgebiets. The Bronx Zoo verfügt über Habitate wie Congo Gorilla Forest, Wild Asia Monorail, Tiger Mountain oder als neueste Abteilung »Madagascar!« mit Krokodilen, Tigern und Gorillas. Es gibt einen Schmetterlingsgarten, Reptilien, Vogel- und Affenhäuser.

Auch der New York Botanical Garden am nördlichen Parkrand genießt besonderen Status: Er zählt zu den ältesten (1891) und größten botanischen Gärten der USA und beherbergt mit dem Enid A. Haupt Conservatory das größte viktorianische Glashaus der USA (1902) mit einer 30 Meter hohen Kuppel. Durch den Bronx Park führt die East Fordham Road. Nördlich davon erstreckt sich der malerische grüne Campus der Fordham University. Diese private katholische (Jesuiten-)Universität wurde 1841 als »St. John's College« gegründet. Die Arthur Avenue in nächster Nähe gilt als Hauptachse von Little Italy in the Bronx mit italienischen Läden, Restaurants und einer Markthalle.

Im Bronx Park ist seit 1899 der Bronx Zoo zu Hause, der als weltweit größter Tiergarten innerhalb eines Stadtgebietes gilt. Gleichzeitig befinden sich hier der New York Botanical Garden und die Fordham University (oben).

49 Governors Island

Idyll vor der Skyline

Wie die bekannteren Inseln Ellis und Liberty Island ist auch Governors Island der Südspitze Manhattans vorgelagert. Zwischen 1776 und 1997 diente die rund 70 Hektar große Insel zunächst als Hauptbefestigung des Hafens, später als Basisstation der Küstenwache, die noch heute einen Standpunkt hier unterhält.

Am Fährhafen von Governors Island (oben). In die historischen Bauten auf Governors Island ziehen mehr und mehr Institutionen ein, dort finden auch Veranstaltungen statt (unten). Governors Island, die einstige Festungsinsel, befindet sich vor der Südspitze Manhattans (rechts unten). Die Parklandschaft ist eine Insel der Ruhe (rechts oben).

Der Name Governors Island rührt daher, dass während der britischen Herrschaft die Insel nur vom königlichen Gouverneur benutzt werden durfte. Nach dem Ende der Kolonialzeit ging der einstige Privatbesitz des britischen Governors in den Besitz der USA über und fungierte fortan als Festung zum Schutz der Hafeneinfahrt.

Militäranlagen werden zum Nationalpark

Die beiden Anfang des 19. Jahrhunderts auf der Insel entstandenen Festungen Fort Jay und Castle Williams sowie die dazugehörige Colonel's Row und die Parade Grounds sind inzwischen als älteste Teile der Anlage als »National Monument« ausgewiesen. Die beiden Forts entstanden im Vorfeld des sogenannten »War of 1812«, der als zweiter Unabhängigkeitskrieg der USA gegen die Briten in die Geschichte einging. Seit 2003 sind die alten Militäranlagen im Norden der Insel zugänglich, während die restliche Insel mit den alten Wohnbauten der Coast Guard derzeit nur teilweise als Freizeitareal genutzt wird. An der Südspitze wurde ein Picknickplatz eingerichtet, und Renaturierungsmaßnahmen zur Schaffung neuer Ufer- und Marschlandschaften sind geplant. Es laufen überdies Bemühungen, den Südteil der Insel mit den leerstehenden Gebäuden der Küstenwache neu zu gestalten und als Wohnareal wiederzubeleben. Inzwischen hat sich hier ein Bio-Bauernhof eingerichtet, und neben der 2010 hierher umgezogenen New York Harbor School, einer kleinen Highschool, möchte die New York University eine Dependance einrichten. Zudem ziehen im Sommer in einige der alten Bauten im Nordteil der Insel zeitweilig Künstler ein. Dann finden hier zahlreiche Ausstellungen und andere Veranstaltungen statt.

Die Fähren hinüber nach Governors Island legen am alten Battery Maritime Building von 1905 ab, das sich neben dem modernen Gebäude der Staten Island Ferry (Whitehall Ferry Terminal) befindet. Das von einem Feuer beschädigte alte Fährgebäude wurde vor ein

paar Jahren komplett renoviert und erstrahlt wieder in altem Glanz. Innerhalb weniger Minuten gelangt man auf die alte Festungsinsel – und lässt alle Hektik der Stadt zurück.

Erholungsareal mit Ausblick

Hat man nämlich die Fähre verlassen, bietet sich von der Uferpromenade an der Nordseite von Governors Island ein ungewöhnlicher und geradezu spektakulärer Ausblick auf die Stadt: Die Skyline von Manhattan, kaum einen Kilometer Luftlinie entfernt, dominiert das Sichtfeld, doch daneben sind auch die Freiheitsstatue, Ellis Island, die ausgedehnten Hafenanlagen in New Jersey sowie der Hudson River und der East River mit all ihren Brücken und Piers gut auszumachen.

Während die New Yorker die Insel inzwischen als beliebtes Naherholungsziel und grünes Idyll »fernab« der Stadt schätzen, sind Touristen noch in der Minderzahl. Dabei lohnen die von den Park-Ranger angebotenen Führungen ebenso wie das Ausleihen eines Fahrrads, um die Insel komplett zu umrunden. Gerade bei einem Picknick lässt sich die grandiose Aussicht besonders gut genießen. Im Sommer betreibt Water Taxi hier einen eigenen (Vergnügungs-)Strand mit »Strand-Feeling«, Unterhaltung, Sport- und Spielangebot. Fürs leibliche Wohl stehen das Backstage Café und der Beach Grill zur Verfügung, für die Fitness Beachvolleyball- und Basketball-Felder. Nach Einbruch der Dunkelheit geht es dann mit DJs und elektronischer Musik heiß her.

VIELSEITIGES GOVERNORS ISLAND

Besucher können von Ende Mai bis Ende September auf Historic Governors Island übersetzen und sich dort frei bewegen. Von Freitag bis Sonntag pendeln zwischen 10 und 17 Uhr alle 30 Minuten die Fähren zwischen dem Battery Maritime Building (10 South/Whitehall Street) sowie zwischen Brooklyns Pier 6 und der Insel. Fähre und Zutritt zur Insel sind kostenlos. Mittwochs und donnerstags, um 10 und 13 Uhr, finden außerdem organisierte Gratis-Touren auf der Insel statt. Ein Infobüro des National Park Service informiert an der Anlegestelle über Aktivitäten und Touren; es gibt außerdem an Wochenenden immer wieder besondere Events, Ausstellungen und Veranstaltungen. Radverleih (freitags 1 Std. gratis, sonst kostenpflichtig) ist vor Ort möglich, kleine Shuttlebusse pendeln auf der Insel zwischen der Anlegestelle und dem großen Picknickplatz im Süden.

WEITERE INFORMATIONEN ZU GOVERNORS ISLAND

www.nps.gov/gois,
www.govisland.com

50 Staten Island

Ländliches Idyll

Staten Island, der fünfte Stadtbezirk, zeigt New Yorks provinzielle Seite mit kleinen Wohnhäusern und viel Grün. Die Staten Island Ferry bringt Besucher kostenlos von Manhattan hinüber nach Staten Island und bietet dabei traumhafte Ausblicke auf die Skyline Manhattans, die Statue of Liberty und Ellis Island. Die Staten Island Ferry verbindet seit fast 200 Jahren die Südspitze Manhattans mit der südlich, an der Mündung des Hudson River in den Atlantik gelegenen Insel. An die 70 000 Passagiere benutzen täglich die Schiffe zwischen dem neu renovierten Staten Island Ferry Terminal auf Manhattan und dem St. George Ferry Terminal auf Staten Island.

Das Alice Austen House Museum auf Staten Island (oben). Auch auf Staten Island wird der Opfer von 9/11 gedacht (unten). Die Fahrt mit der Staten Island Ferry hinüber zur Insel bietet traumhafte Ausblicke auf die Skyline Manhattans, die Statue of Liberty und Ellis Island. Sie ist umsonst und ein Muss für jeden Besucher (rechts unten).

Von Staten Island kennen die meisten wohl nur den Fährhafen, nur wenige hingegen erkunden den Rest der Insel, die immerhin etwa doppelt so groß ist wie Manhattan. Die Insel bietet dem Besucher eine ganz andere Welt als ihr Nachbar Manhattan: eine malerische grüne Landschaft aus Hügeln, Wiesen und Seen. Lange galt Staten Island als der »vergessene« Borough.
Erst als 1964 die Verrezano Narrows Bridge die Insel mit Brooklyn verband, entdeckten mehr und mehr New Yorker – vor allem aus der weißen Mittelschicht – den Reiz der Insel, die heute gerne wieder selbstständig wäre. Jeder, der der Großstadt überdrüssig war, kam – und kommt auch heute noch – hierher, um das »Landleben« und die Natur zu genießen.

Besuch in Historic Richmond Town

Die Hauptattraktion auf Staten Island ist Historic Richmond Town im Inselinneren. In diesem Museumsdorf, einem sogenannten Living History Museum, wurden Originalgebäude von 1696 bis ins 19. Jahrhundert, die zum größten Teil von anderen Orten hierher verbracht wurden, vereint. Entstanden ist ein ganzes Dorfensemble, in dem drei Jahrhunderte Geschichte und Kultur der Insel und der Siedlung Revue passieren. Das Dorf nannte man bis zum Unabhängigkeitskrieg »Cocclestown«, danach »Richmondtown«.
Über 30 historische Häuser verschiedenster Funktion – Schule, Werkstätten, Läden etc. – sind hier in Historic Richmond Town wiederaufgebaut worden

und stehen zur Besichtigung offen, darunter eine Farm, angeblich die älteste betriebene in New York, das Voorlezer House von 1696, der Stephens General Store, ein Wagenschuppen, ein Herrenhaus von 1837, eine Reihe von Bürgerhäusern, Läden, ein Saloon sowie die St. Andrew's Church (1708). In einem der Bauten ist das Historical Society Museum untergebracht, das detailliert über die Geschichte der Insel informiert.

Weitere Sehenswürdigkeiten

Nahe der Bootsanlegestelle lohnen das Staten Island Institute of Arts and Sciences mit einer interessanten Ausstellung zur Fährschifffahrt und das Snug Harbor Cultural Center den Besuch. Das Center drei Kilometer westlich des Fährhafens war einst Seefahrerherberge und ist heute ein Kultur- und Veranstaltungszentrum. Der Komplex besteht aus verschiedenen, teils historischen Gebäuden, in denen Konzerte, Ausstellungen und Veranstaltungen stattfinden und mehrere Institutionen und Museen zu Hause sind, darunter das Newhouse Center for Contemporary Art, das Staten Island Children's Museum, die John J. Marchi Exhibition Hall und der Staten Island Botanical Garden.

Das Alice Austen House etwa drei Kilometer südlich des Fährhafens ist ein 1710 erbautes Cottage im viktorianischen Stil, mit Veranda und Garten. In den 1920er-Jahren wohnte hier die Fotografin Alice Austen (1866–1952), die 1929 beim Börsenkrach alles verloren hatte und in Armut lebte, bis sie vom Magazin *Life* entdeckt wurde. In ihrem Wohnhaus ist eine Auswahl ihrer Fotos zu bewundern.

ANFAHRT UND NAHVERKEHR AUF STATEN ISLAND

Die **Staten Island Ferry** fährt jede halbe Stunde, rund um die Uhr, kostenlos vom Whitehall Terminal hinüber nach Staten Island. Man muss dort das Boot auf alle Fälle verlassen, auch wenn man nur die Aussicht genießen möchte.
Neben Bussen verkehrt die **Staten Island Railway** zwischen Fährhafen, Baseballstadion und der Südspitze (Tottenville).

Neueste Attraktion auf der Insel ist das kleine Baseballstadion direkt neben dem Fährhafen, der **Richmond County Bank Ballpark at St. George**, wo die Staten Island Yankees, eine Nachwuchsmannschaft der »Yankees«, Fans begeistern. Ein paar Schritte entfernt erfreut sich das 1928 eröffnete **St. George Theatre** ungebrochener Beliebtheit.

WEITERE INFORMATIONEN ZU STATEN ISLAND

Staten Island Ferry: Whitehall Terminal, Whitehall/South Street, www.siferry.com
Staten Island Railway: www.mta.info
Richmond County Bank Ballpark at St. George: www.siyanks.com
St. George Theatre: 35 Hyatt Street, www.stgeorgetheatre.com

Zum Gedenken an die Opfer
des Terroranschlags vom
11. September wurde auf Staten
Island dieses Memorial errichtet.

NOTICE
NO
FISHING

Blick in das oberste Stockwerk hinauf in den Kern des Guggenheim Museum (oben). Was wäre New York ohne seine Vierbeiner (Mitte)? New York verbucht bald 50 Millionen Touristen jährlich und hat Erfahrung im Umgang mit Besuchern aus aller Welt (unten).

Register

Das Herz New Yorks schlägt in Midtown am und um den Times Square. Hier die 42nd Street (oben). Shopping gehört neben Veranstaltungen und Museums-besuchen zu den Lieblingsbeschäftigun-gen der Besucher (Mitte). Eine von New Yorks zahlreichen Brücken: die Queens-boro Bridge (unten).

Eines der weltbrühmten Wahrzeichen New Yorks ist die 1883 eröffnete Brooklyn Bridge (oben). An einem sonnigen Sonntag im Central Park lernt man die New Yorker von einer anderen Seite kennen (Mitte). Reklameschilder gehören zum Bild New Yorks – selbst auf den gelben Taxis dürfen sie nicht fehlen (unten).

Impressum

Produktmanagement: Dr. Birgit Kneip
Textlektorat: Linde Wiesner, München
Bildredaktion: Monika Schreiner,
Dr. Birgit Kneip
Kartografie: Astrid Fischer-Leitl
Layout: graphitecture, Rosenheim
Repro: Repro Ludwig, Zell am See
Umschlagtitel: Studio Schübel, München
Herstellung: Bettina Schippel
Printed in Italy by Printer Trento

Alle Angaben dieses Werkes wurden von den Autoren sorgfältig recherchiert und auf den aktuellen Stand gebracht sowie vom Verlag geprüft. Für die Richtigkeit der Angaben kann jedoch keine Haftung übernommen werden. Für Hinweise und Anregungen sind wir jederzeit dankbar. Bitte richten Sie diese an: Bruckmann Verlag, Postfach 40 02 09, 80702 München
E-Mail: lektorat@bruckmann.de

Bildnachweis:
© Argov, Glen: 125 o., Bar Mayahuel: 51 o., Brinkle, Margit: 33 r.o., 57 l. u., 143 r.o., 151 r.o., 156 o., www.canyouguideme.com/ : 85 o, Easy-living-Harlem: 131 o. – Fotolia: 9 M., 163 u., Carreon: 106 o., Wasilewski: 139 o.,142 u. – Get it Across, Köln: 35 o., Haber, Graham: 70 o., 71 u., Griffindor: 124 o., Heritage Philadelphia Program: 157 o. – www.istockphoto.com: 9 o., 22 M., 23 u., 52 u., 55 u., 57 o., 58, 62 M., 74 o., 75 o., 77 u., 88 o., 90 m., 91 o., 97 u., 99 u., 104, 108 o., 111 u., 115u., 120 u., 120 M., 131 u., 132 u., 136 , 138, 139 o., 143 u., 145, 155 u., 155 M., 157 u., 163 o., Kaelene, Jens: 91 u., Kanter, Doug: 124 u., Kim, Rob Landow: 96 u. – Look-foto: age foto-stock 45 u., 69 u., 73 u. – Millian, C.: 156 u., NYC & Company, A.Vecerka Ersto: 17 o., Panoramio/Hakim Talbi: 158 o., PD: 27 o., 53 o., 71 o., 111 o., 131 o. – picture alliance: akg-images: 70 u. 74 u., 77 u., 100 u.,119, 123 u., Angelillo: 69 o., Apesteguy: 38 u., 73 o., Argov: 80 o., Clarke: 68 o., DB WTC Memorial Foundation: 33 u., Ditto: 101 u., Foley: 76 r., 79 o., 98 u., Gentsch: 142 o., Glenn: 87 o., Herrick: 45 o., 146 M., Jackson: 82 o., Johnson: 32 o., Kaltenbach: 40 u., 122 o., Lando: 40 o., Landov: 115 o., Lane,: 31 u., 68 u., 81 o., 106 u., Levine: 90 o., Mayfield: 77 M., Melzer: 65 o., Raible: 47 o., Roberts: 55 o., Sasse: 41 o., 48 u., 101 o., 120 o., Schäffer: 34 o., Schuler: 76 u., Schultz: 34 u., Szenes: 153 o., Trepper: 77 o., Zimmermann: 39 o. – Saideh Browne/ Marty Dwyer: 107 o., Savoia :139 u. – www.shutterstock.com: 80 u., 81 u., 114 u., 132 o., 132 M., 147 o., 152, 154 o. – Wilson Diniz /Picasa: 123 o., Wise, Corey: 25 o., 127 o., Woodstocktowers: 99 o. 99 u.
Alle anderen Bilderstammen von Christian Heeb.

Die Deutsche Nationalbibliothek verzeichnet diese Publikation in der Deutschen Nationalbibliografie; detaillierte bibliografische Daten sind im Internet über http://dnb.d-nb.de abrufbar.

In gleicher Reihe erschienen ...

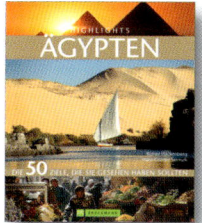

ISBN 978-3-7654-5437-0

ISBN 978-3-7654-4889-8

ISBN 978-3-7654-4828-7

ISBN 978-3-7654-5154-6

ISBN 978-3-7654-4830-0

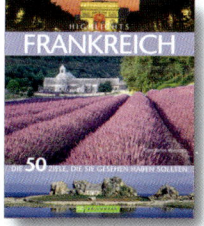

ISBN 978-3-7654-5368-7

ISBN 978-3-7654-5253-6

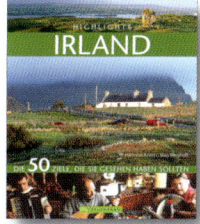

ISBN 978-3-7654-5214-7

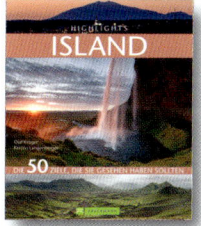

ISBN 978-3-7654-5592-6

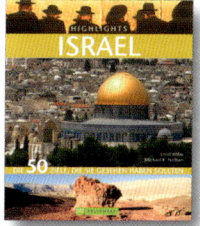

ISBN 978-3-7654-5598-8

ISBN 978-3-7654-4617-7

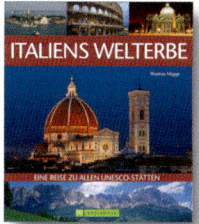

ISBN 978-3-7654-5594-0

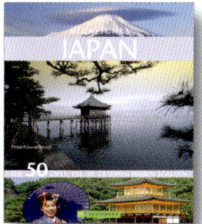

ISBN 978-3-7654-5426-4

ISBN 978-3-7654-4760-0

ISBN 978-3-7654-4869-0

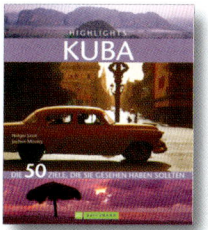

ISBN 978-3-7654-5596-4

ISBN 978-3-7654-4750-1

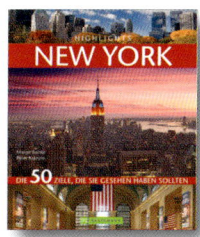

ISBN 978-3-7654-5751-7

ISBN 978-3-7654-4827-0

ISBN 978-3-7654-5436-3

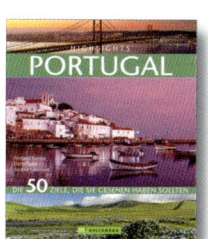

ISBN 978-3-7654-5533-9

ISBN 978-3-7654-4973-4

ISBN 978-3-7654-4748-8

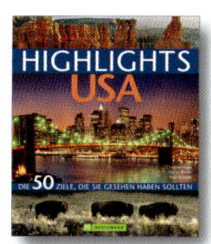

ISBN 978-3-7654-5496-7

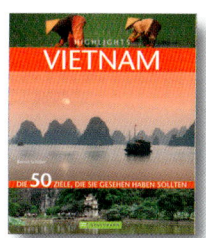

ISBN 978-3-7654-5144-7

BRUCKMANN

www.bruckmann.de